榮文婷 著

從孤獨到自信

From loneliness to confidence

心理學破解孩子的社交困境

6大發展時期 ×8個影響因素 ×16種教育法則，
從嬰兒期到青春期，剖析孩子社交發展的關鍵

專家思想觀點＋作者親身經歷
助家長從不同角度看問題，直擊孩子社交問題的關鍵

別本末倒置地追求外在技巧，要用愛去滋養孩子的內心
讓他們在自然的成長過程中，逐漸掌握高效的社交技能

目錄

前言

第一章　抓住孩子社交發展的關鍵期

第一節　衝你微笑：嬰兒期的社交 …………………………………… 012

第二節　自我意識的覺醒：敲響社會性的前奏曲 …………………… 016

第三節　樂於分享：親社會屬性帶來友誼 …………………………… 022

第四節　泛泛之交：幼兒時期的友誼 ………………………………… 027

第五節　同一性：青春期社交重要的一課 …………………………… 032

第六節　自尊與自我：看清自己才能找到朋友 ……………………… 037

第二章　家庭：孩子第一個社交圈

第一節　誰養育了受歡迎的孩子 ……………………………………… 044

第二節　是兄弟也是朋友：家有個孩子的相處之道 ………………… 049

第三節　假想夥伴：孩子幼年的陪伴者 ……………………………… 053

第四節　玩中學：親子遊戲在社交中的重要角色 …………………… 059

第五節　志同才能道合：幫孩子敲開友誼的大門 …………………… 064

第六節　家長：請讓孩子遠離暴力溝通 ……………………………… 069

第七節　孩子對不起，媽媽也「認生」 ……………………………… 075

目錄

第三章　學校：叢林裡的生存法則

- 第一節　幼兒園：叢林生活的初體驗（上）……………084
- 第二節　幼兒園：叢林生活的初體驗（下）……………089
- 第三節　校園裡的社交潛規則……………………………093
- 第四節　那些以貌取人的友誼後來都怎麼樣了…………099
- 第五節　異性之間該不該存在友誼………………………104
- 第六節　被排擠的「特殊孩子」…………………………109
- 第七節　成為「被接納」的孩子…………………………114
- 第八節　朋友以上，戀人未滿……………………………119
- 第九節　亦正亦邪：社群軟體與孩子面面觀……………124

第四章　性格與社交

- 第一節　性格是把兩面刀…………………………………134
- 第二節　外向的孩子也有社交焦慮症……………………139
- 第三節　內向的孩子也有社交法寶………………………146
- 第四節　孤獨的成長………………………………………151
- 第五節　自卑的孩子………………………………………157
- 第六節　被動的人到底在想什麼…………………………162
- 第七節　羞答答的玫瑰靜悄悄地開………………………166
- 第八節　孩子不是膽小鬼…………………………………172

第五章　影響社交的關鍵因素

　　第一節　情緒：滋潤孩子友誼的土壤……………………180

　　第二節　溝通：最需要示範的社交技能……………………189

　　第三節　將心比心：看見他人，才能快樂自己……………194

　　第四節　正向溝通：家長和孩子都受益的表達……………199

　　第五節　傾聽是一門藝術……………………………………205

　　第六節　衝突宜解不宜結……………………………………210

　　第七節　學會說「不」：劃清友誼的界限…………………216

　　第八節　友誼在誠實與謊言間自由走動……………………221

結語

目錄

前言

　　我是一個內向的人，從小就是。特別是有了外向的孩子做對比後，我更清楚自己到底是有多內向。從懷孕起，我就能感受到這個小生命的活力——在肚裡子的他活潑好動、一刻也不停歇，超音波檢查做了三次，才拍到他頑皮地舉著手、蹬著腿的照片。

　　出生1週左右，他的小嘴就喜歡發出嘟、嘟、嘟的聲音，舉著小手，跟我們交流。幾個月大時，我推著他走在路上，他見到喜歡的人，就會發出嗚嗚的聲音，揮著小手，示意我們湊上前去。這時，他就會嬌羞地笑一下，然後一邊伸出他的小手，一邊發出咿咿呀呀的聲音與人搭訕。再大一點，他玩得高興、吃得開心時，會發出興奮的尖叫，會開心地到處爬來爬去，或者跑、跳，見到人就會主動招手、打招呼、微笑……

　　而這些，我至今都做不到。我能回憶起來的童年，都是安靜的、緩慢的、獨自一人的，像是安靜地彈琴、畫畫、扮家家酒、看電視。6歲以前，我沒有去過幼兒園，一直跟著外婆長大。外婆很愛乾淨，又很仔細的照顧我，所以，我也很少在家裡附近跟其他小朋友玩，除了自家的表妹，沒有玩伴。我就讀的小學是附近最好的學校，班級又是年級中最好的班級，我們班上有80多個同學。而我的小學生活卻是寂寞的，甚至是孤獨的。最深的記憶，就是我一個人無所事事地站在操場上，周圍是同學們互相打鬧的、熱鬧的、一起玩耍的場景。我很緊張，想加入他們，卻又不知該如何開口；我也覺得很尷尬，因為只有我一個人被孤立在這碩大的操場上。這個場景久久地封存在我的記憶裡，甚至出現在夢裡。

前　言

　　我的媽媽很愛我，對我照顧得無微不至。她看出我性格中的敏感、內向、軟弱的部分。她也跟大多數家長一樣，生怕孩子「性格不好」、「膽小」、「不合群」；她很擔心我會因為性格內向而不夠優秀，因為膽子小而錯失機遇，因為敏感而脆弱得不堪一擊。在那個封閉的、知識匱乏的年代，她用本能且直接的方式抓住一切機會來鍛鍊我的表達能力、溝通能力，希望不斷增加我的勇氣，讓我外向一點、開朗一點，更像別人家的孩子一點。

　　比如，從我有記憶以來，媽媽就告訴我：遇到鄰居或者認識的人要微笑地打招呼。而我也從小為了「達到」媽媽的要求，叫著叔叔好、阿姨好。我很小就開始學鋼琴，不斷參加演出、比賽，這些都是希望能鍛鍊我的膽量。媽媽還會要求我去競選班級幹部，參加學校的各類活動。所以我從小學就在班上擔任幹部，一直到我大學畢業，我都是學校各類演出隊伍裡的常客。在她不斷的督促和提醒下，我也成了同學和其他家長嘴裡的「別人家的孩子」，那個笑容明媚、開朗活潑、落落大方、知書達理的孩子。我的朋友也多了起來，他們個個伶牙俐齒、能說會道。

　　然而，這種本能且直接的要求方式並沒有帶給我愉悅，只有我自己知道，那並不是我，那是媽媽期待的我，那是別人眼裡的我。我仍然會為了躲開鄰居寧可多等一次電梯，為了打一個電話而焦慮一上午，上臺前會緊張到頻尿。我仍然感到孤獨，雖然我並不缺少朋友，也有很多人喜歡，但他們從未見過那個真實的我。我擔心那個真實的我會被那些有魅力的朋友嫌棄。

　　我時常感覺好像有兩個小傢伙在我的腦袋中打架。雖然那個被否定、被指責、被深藏在內心深處又內向的我一直被壓抑，但它卻被這些負面的想法滋養著，生機勃勃地長大了，躍躍欲試要與那個精雕細琢

的、外在的我發起挑戰。這些糾結一直困擾著我，我一直想找到方法來解決自己的問題。所以，一個理工科出身的我，自學了心理學、教育學，渴望找到自己成長中的漏洞，並修正它們。

然而，這也是我的執念，就如同媽媽期待我成長為個性外向的孩子一樣。並不是所有的問題都有答案，也不是所有的漏洞都可以找到並且被修正。這與追求完美的人生一樣，是一種執著的追求。或許唯一的方式，就是看見它，然後接納它。真實的自己，沒有辦法改變，也沒有必要去改變。那就是我們本來的樣子，獨一無二的那個我。所以我開始學會看見自己，看見那個被自己層層包裹起來、藏到最深處個性內向的自己，並學著欣賞它、接納它、與它和解。才發現，並不是我會被朋友嫌棄，真正嫌棄我的，是我自己。

我們習慣了升學就業過程中那種激烈競爭的模式，才會為孩子的不一樣而擔憂、焦慮。太過執著於追求一樣的優秀，而忽視了不一樣的美好。夏日雖然美好，可是烈日炎炎，太陽也會灼傷皮膚；冬季四周蕭條，但白雪皚皚，瑞雪也預示著豐收。作為家長，我們能做的更應像是一個引導者。我們需要放下焦慮，因為任何的焦慮都是自己內心不自信的反映。身為家長，我們更應像一個園丁。我們播下了種子，用心地照料它們，為它們提供好的生存環境，替它們遮風擋雨，讓它們安全地長大，但是我們無法改變它們，或者說最好是接納它們本身的樣子，一味地「強扭」、「拔苗」、「嫁接」，最後受傷的還是孩子。

作為家長，我們想幫助孩子提高社交能力，讓他們在人生的道路上更一帆風順、更幸福。的確，社交能力的提高有很多的原則、方法，我們可以教孩子如何更有禮貌、更有情調，如何談吐自如，如何擁有「高情商」，教孩子怎麼做才能更受歡迎，如何克服自己的膽小、嬌羞⋯⋯

前言

然而這些畢竟都是「術」，如果我們一味地追求「術」，恰恰犯了「本末倒置」的錯誤。

太多的規範、技巧只會將孩子的本性束縛。作為家長，我們應該做的是去正面地看見我們的孩子，用愛去接納我們的孩子、用愛去滋養他們的內心，讓他們在關注中綻放自己，將孩子的精神從各種限制中解放出來，才能夠讓孩子真正地成長為他們自己的樣子，才能不斷地發生生命的奇蹟。他們的本性是那樣純粹、坦誠、善良和充滿愛，而這些才是人際交往的核心。

至於這本書，我更想把它看為一本「參考工具書」；書裡將孩子在社交方面遇到的問題加以呈現，我只是權充一個知識的整理者，將我多年閱讀、學習到的心理學家、教育學家的思想與觀點，條理分明地遴選、整理、呈現給各位家長，希望可以幫助大家看到不同角度的觀點、聽到不同面向的聲音。我還是一個分享者──將我多年來，遇到與孩子社交有關的事件、情景加以描述，呈現給本書讀者，把經驗、感想和收穫與各位分享。

第一章
抓住孩子社交發展的關鍵期

第一章　抓住孩子社交發展的關鍵期

第一節　衝你微笑：嬰兒期的社交

如果以為，孩子在嬰兒期是沒有社交的，我認為並不準確。

如果以為，孩子的社交能力要從 0 歲開始培養，這樣略帶焦慮的論調，我也不贊同。

■ 社交是一個自然的過程 ■

社交是一個自然而然的發展過程，是孩子與生俱來的能力。從孩子出生的一剎那起，他就用哭聲來與這個陌生的世界溝通。他餓了會哭，然後得到媽媽的乳汁；他困了會哭，然後得到父母的愛撫；他無聊時也會哭，然後得到親人的關注。然而這一切，都是這個小嬰兒自然行為所引發的。

當孩子開始吸吮的那一刻，他就開始學著跟媽媽交流了。如果有哥哥姐姐的話，那麼這個小孩子的社交圈將多達 3 人以上。經過一段時間的成長，我們會驚奇地發現，他餓的時候會找媽媽，想出門玩的時候會去找經常陪伴他的人，可能是爸爸、媽媽，也可能是奶奶、哥哥。多麼精明的小小社交達人！

■ 社交性微笑 ■

如果我們觀察孩子，就會發現他們是天生的社交家。他們在出生不久，當視力逐漸從模糊變得清晰時，就開始觀察周圍發生的一切了。他們開始對光亮產生莫名的興趣，並且咿咿呀呀地發出聲音，在 6～8 週時，這些可愛的小天使會展露出他們的第一次社交性微笑，這是新手父

第一節　衝你微笑：嬰兒期的社交

母最期待的一個時刻，這也意味著孩子的大腦發育進入了一個新的階段。這種社交性微笑與新生兒剛出生時展露出的自發式微笑有所不同。最初的自發式微笑並不是孩子內心情緒的表達，更接近是一種自然的生理條件反射。

那麼，父母應該如何鼓勵孩子開始第一次社交性微笑呢？鼓勵孩子微笑，對孩子建立自信和自尊的發展有著重要的、正向的作用，這會讓他們感受到自己的能量、感受到自己的存在，讓他們意識到自己感覺的重要性，對於他們的大腦發育有很大的幫助，所以，父母不妨多嘗試讓可愛的孩子笑起來吧！

譬如，我們可以選擇在孩子吃飽、睡好時，來進行這項活動（飢餓的孩子或者已經困了的孩子可不適合這項活動哦！）同時，父母放鬆的心態也很重要，因為孩子會感受到父母的情緒。將孩子緊緊貼在懷中，尤其是新生 2 個月之內的孩子視力範圍僅在 15～30 公分內，視力還沒有發育很好。所以，爸爸媽媽就在這個範圍內，多衝著自己可愛的孩子展露出最燦爛的笑容吧！注視著你的孩子，微笑著跟他熱情地打個招呼！

如果我們在幾次嘗試後卻沒有收到孩子微笑的回饋，不要太著急，多給孩子一些時間，或許有的時候，孩子會在不看著你的時候偷偷地笑起來，這是他在用自己的方式來應對這些外來的世界對他小世界的刺激。如果我們的孩子是早產兒，那麼還需要再給他幾週甚至一個月的時間。在此期間，父母仍然可以經常對孩子微笑，相信我們的孩子很快就會趕上來！

第一章　抓住孩子社交發展的關鍵期

■ 積極表達的重要性 ■

積極表達是孩子社交的基礎，也是我們最該鼓勵孩子的行為之一。

科學家認為，孩子在出生前就開始接受社交暗示的影響，他們可以在子宮裡辨別媽媽的聲音。也有研究顯示，父母和孩子多互動可以幫助孩子提高語言發展能力。如果父母經常敘述自己所做的事情，那麼這對孩子的語言能力和認知發展都有重要且正面的影響。

總之，我們的孩子從出生起，就開始了他們的觀察之旅。他們認真察覺周圍發生的一切，並且隨時做出反應，譬如，發出咿咿呀呀的聲音，向爸爸媽媽揮手示意，微笑、哭泣……這都是孩子在語言能力沒有發展完善之前，用他們的方式表達自己的情緒。

這是一個很好的情緒流動和交流的時機，父母要抓住孩子所發出的訊號，對孩子的表達正面回應。父母要多用正向的詞彙來回應孩子。這樣反覆、正向地刺激會讓孩子樂此不疲地持續下去，同時，正面的話語也是在潛移默化地讓孩子學習正面的表達方式，有助於幫助孩子在未來學會積極表達、樂於表達。

■ 嬰兒期的社交活動 ■

除了滿足他們的胃口、安頓好他們的睡眠，孩子也是需要社交活動的。

家庭是社交的第一場所。孩子不斷地和環境互動，社交就在不斷地發生。他們透過觀察和模仿，不斷地了解周圍世界的運作方式。他們像海綿一樣，全部吸收他們看見的、聽到的、感受到的新內容，而這些大多來自他們的照料者和陪伴者，也就是父母。所以，有一種說法是父母

第一節　衝你微笑：嬰兒期的社交

是最好的社交模仿對象。雖然這句話可能會給家長帶來很大的壓力，但是不得不說，這句話的確有它的道理。

帶孩子走出家門。走出家門並不意味著外出旅行，對孩子來說，這個世界的一切都對他充滿著吸引力，哪怕是家門口的石頭臺階。在天氣晴朗時，推著孩子出門走走，會發現孩子變得異常安靜。他可以一路一言不發、安靜地坐在嬰兒車裡，這並不奇怪，這是他學習的過程。特別是在街上出現其他孩童時，你會發現這個小傢伙整個人都精神起來，甚至已經推過去很遠，他還會扭過身，去觀察那個跟他類似的小小人。這種隔空的交流，對他來說也是一次社交，他們透過彼此的觀察來完成。

在北美，家庭和社會都很重視孩子從兒童期開始一直到成年的社交活動。譬如在加拿大，他們會以社區為單位，利用一些公共的環境資源（如圖書館、活動中心）來組織這個區域的家長和孩子在一起活動。活動場所裡免費提供大量的書籍和玩具，每個場所都安排有諮詢人員、指導人員供父母洽詢。每天在不同時段，會有針對不同年齡層孩子的活動，讓孩子可以坐在一起，互相學習。

在加拿大，孩子在 4 歲以前是沒有公立幼兒園的，私立的托兒所數量也有限，所以，大多數媽媽都全職在家帶孩子。社交活動不僅僅是對孩子，對居家的媽媽也是一個很好的出門交友的機會。這種以社區為單位的社交，對孩子後續的發展也有一定的好處。它會讓這個區域的孩子從嬰兒期開始認識、熟悉，直至他們成年。加拿大採取就近入學的制度，在一個社區的孩子，如果不選擇私立學校，那麼他們將從 4 歲開始一起上幼兒園，直到 18 歲高中畢業。

組織一次媽媽們的聚會。媽媽的心情對嬰兒期的孩子有著極大的影響。所以，在繁忙地照料孩子的階段，媽媽們如果整日待在家裡，完全與

第一章　抓住孩子社交發展的關鍵期

世隔絕，也不見得是件好事。媽媽們的正常社交，對孩子來說也是一次學習的機會。媽媽們可以約上幾個朋友，帶著孩子聚在一起。可以在戶外活動，也可以是家裡的下午茶。媽媽們圍坐在一起，孩子互相陪伴。這時，大孩子的行為會讓小孩子迫不及待地想去模仿學習，而對大孩子來說，陪伴小孩子，和小孩子一起玩耍，也是一種社交能力的培養。

托兒所的社交。如果家裡沒有人能夠照顧幼兒，那麼還在嬰兒期的小小孩就會有去托兒所的社交機會了。在加拿大，私人托兒所可以接收最小僅出生8個月大的孩子（甚至可能更小）。在此情況下，家長首先要避免孩子受到太大的社交壓力。陌生環境、陌生人的出現，熟悉照顧者的缺失，對幾個月大的孩子來說是一種巨大的壓力。孩子會出現哭鬧不止的現象，家長不能操之過急。如果可能的話，家長可以考慮在托兒所陪伴幾天，讓孩子熟悉這個新的環境後，再逐漸地離開。同時，托兒所照顧的人員對孩子社交能力的發展也有很大的影響。研究顯示，照顧人員對孩子的需求反應越靈敏，對孩子的社交能力的發展就越有利。

總之，這個小生命就這樣開始了他在這個星球上的奇妙之旅，任何的社交機會，對我們這個充滿好奇的孩子來說都是有益無害的。家長大可放心地帶著孩子一起開啟旅程吧！

第二節　自我意識的覺醒：敲響社會性的前奏曲

當孩子懂得拒絕的時候，我們應該感到高興，這是孩子社會性美妙的開始。

第二節　自我意識的覺醒：敲響社會性的前奏曲

當孩子呱呱墜地，代表著一個生物的降臨。而當他1歲左右開始表達自我的時候，才是人類的誕生。

新生兒出生後，他們並沒有「我」、「你」、「他」的概念，他們甚至都不知道自己的樣子。在這段自我意識並沒有形成的時期，他們透過不斷和外界環境互動，透過這些與人或物互動、碰撞的過程，他們的自我也逐漸形成了。

▍自我意識並非與生俱來 ▍

自我意識的發現，並非一蹴而就，而是一段相對漫長的時光。這些可愛的孩子出生時，並不知道自己的樣子。在剛出生1個月裡，他們透過模糊的視力，逐漸地發現了自己的手，他們透過吸吮、觸碰，不斷地認識自己的手，並讓它們逐漸變得靈活和有知覺。在後續的日子裡，他們逐漸發現了自己還有腳、眼睛、鼻子、嘴巴、耳朵。他們開始發現鏡子裡的自己，開始對著鏡子咯咯地笑，仔細端詳自己的五官，觀察自己的動作，甚至會衝著鏡子裡的自己親上一口，這些看起來有些自戀的行為，都是孩子在逐漸認知自己的過程。有研究顯示，孩子真的可以認出鏡中的自己需要等待1年以上，一般需要18～24個月。有學者做過實驗，如果在孩子的臉上塗抹一點點顏色，再將他們領到鏡子前，較小的孩子是沒有辦法認出自己的，只有18～24個月大的孩子，才能夠發現自己臉上的顏色，實際上在這時，他們才能真正地認出鏡子裡的自己。

▍「不」是自我意識的表達 ▍

當孩子處於嬰兒期，還不會說話時，孩子用拒絕的行為、憤怒的表情在表達「不」的含義，用身體的拒絕與外部的環境不斷碰撞。孩子開始

說「不」的時候，並非是孩子自我意識的覺醒，在我看來，孩子的自我意識萌發得要比我們認為的更早一些。他們在不想吃奶時，會扭著頭，把媽媽的乳房或者伸過來的奶瓶拒之嘴外；他們在不想換衣服時，會憤怒地瞪著眼睛，用表情來表達他們的不滿意；他們在不想離開時，會用手不斷地推開媽媽的擁抱，用行為在表達他們還想再待一會的願望。

這些行為都是他們本能地表達自己的過程，是自我意識的萌芽期。當孩子語言能力逐漸變強，「不」的出現，也代表著他們真正意義上的誕生，這通常發生在 1～2 歲。他們具有極強的好奇心，四肢變得越來越有力量和靈活，他們渴望去探索更廣闊的天地，熱衷於探險。雖然口齒不清，但是已經迫切地想要透過與環境的碰撞來認知自己了。這種碰撞，我們也稱為幼兒期的反抗、「可怕的 2 歲」……然而也正是這樣的過程，讓孩子逐漸地找到了自我。

■ 自我意識與社交的關係 ■

自我意識與社交相互交疊著、相互促進著展。自我意識的發展，並不是一朝一夕的，它將伴隨著孩子成長的整個過程，幼兒期的叛逆僅僅是孩子自我意識發展的開始，是社會化的一個前奏。隨著孩子的成長，他們需要不斷地建立自我和客觀世界之間的關係，逐漸地形成一個立體化的、豐滿的自我。

在這個自我認知形成的過程中，也是孩子逐漸與人建立關係的過程。他們透過不斷地與人交往，以及對方的反應，逐漸了解自己是一個怎樣的人。如同照鏡子般，在與人交往中，他們逐漸了解自己需要什麼，自己想要怎樣。這不僅僅是外在形態上的，更是一種社會層面的意識，即孩子在他們所在的社會層面上，透過不斷地與同輩之間的互動，

第二節　自我意識的覺醒：敲響社會性的前奏曲

了解自己在群體中的地位、作用，評估自己的能力、感受社會關係、形成個人體驗，再次促進自己的認知。

但是這個過程並不是一帆風順的。我們後面章節也將詳細說明，孩子在青春期時，他們強烈地渴望成人的欲望，將會把他們之前對自己的認知全部推翻重建，這個過程是他們對自己再認知的歷程，也是同一性建立的經過。

■ 幼兒期的自我意識 ■

對幼兒期的孩子來說，他們正處於自我意識的初建期。在他們意識到自己的存在之後，他們便開始考慮自己是誰，是怎樣的人，然後開始劃分出「你」、「我」、「他」的概念，逐漸將自己和他人區分開來。

在獲得這種自我認知之後，他們的社交技能和交際能力也快速地發展起來。他們開始懂得自己和同伴之間的區別，他們開始懂得合作、懂得自己和他人之間的差異，他們開始在模仿同伴的過程中獲得極大的樂趣。他們也開始比較，逐漸了解自己在他們社交範圍內的地位，這種地位會給予成就感，為他們後續自尊的形成構成了前期的鋪陳。

■ 家長能做些什麼 ■

顯然，自我意識順利的發展對孩子的社交有著正向的幫助。那麼作為家長，對待幼齡孩子的自我探索可以做些什麼呢？

一、嬰兒早期的自我意識（0～9個月）。正如我們前面提到，嬰兒期的孩子甚至都不知道自己是存在身體的，他們要到3～4個月之後，才會發現自己竟然是有腳的。這個發現對他們來說是極大的驚奇。他們

第一章　抓住孩子社交發展的關鍵期

會不斷地用手去抓自己的腳、啃手，小男孩甚至會揪自己的生殖器。這時，對家長來說，在保證孩子不會抓壞、咬壞自己身體部位的前提下，就讓孩子盡情的玩吧！此刻，他們的身體就是最好的玩具！

二、嬰兒晚期的自我意識（9～12個月）。這個時期孩子自我意識的發展主要是對整個肢體的調動上。他們越來越靈活，越來越能感受到自己身體可以爆發出來的能量。這個時期的代表動作就是扔東西。他們在反覆扔東西的過程中，感受東西和自己的關係，逐漸將物品和自己區分開來。在扔的過程中，他們逐漸確定自己的能力——我可以扔它們！竟然還扔得這麼遠！我太棒了！

對於這個時期的孩子，他們可能會用行為不斷挑戰家長的底線。除了扔東西，還有很多行為，如開關門、敲擊物件、開關櫃子、開關水龍頭、捏爛食物……家長需要意識到，這些行為並不是孩子在故意調皮，而是他們在了解事物之間的因果關係、逐漸感受自己的能量、不斷去證實自己動作和動作產生的結果之間的關係。如果我們可以理解孩子的這些行為，下一次再看到他們把東西狠狠地扔到地上時，就會心平氣和了吧！

三、幼兒早期的自我意識（1～1.5歲）。這段時期的孩子更加可愛了。他們開始咿咿呀呀地說話了！語言能力的到來也是他們自我意識飛速發展的時期。他們開始可以把自己和他人區分開了，會清晰地說出「這個是我的」類似的話，這說明他們已經開始有了明確的自我存在感。

四、幼兒晚期的自我意識（1.5歲以後）。這是幼兒自我意識真正形成的時期。他們可以真正懂得「我」、「你」、「他」的含義，開始說「我要……」、「我是……」，這是他們對自我存在感的一種需求的表達。這

第二節　自我意識的覺醒：敲響社會性的前奏曲

時，家長用「你⋯⋯」這樣的語句來回饋孩子，是對他們自我需求的一種正向回饋，幫助孩子滿足他們的自我內在需求。

五、2歲以後，他們還開始用「不」來表達自己的意願。這是著名的「2歲逆反期」，也叫「可怕的2歲」。在孩子說出「不」這個字時，他們感受到這個字帶給他們的能量 —— 拒絕的能量和勇氣。這讓他們感覺非常好，他們非常喜歡這種獨立思考和獨立做主的感受。所以，當遇到家長的要求時，他們會用「不」來感受這種能量，他們甚至會沉迷於「不」所帶來的能量中不可自拔 —— 不斷地拒絕家長的要求。

面對這個時期的孩子，家長可謂是苦惱不已。但是這就跟孩子長個子、長牙齒、長體重一樣，叛逆是孩子心理上的一次成長，想到這裡，爸爸媽媽會不會感覺更能接受一點呢？其實這個時期的叛逆，作為家長，越是限制，越容易激發孩子的叛逆和堅持，同時也是對孩子自我成長的一個打擊，不利於他們未來的自信、自尊的建立，也不利於他們對不良情緒的疏導，更不利於他們情緒的表達，而這些都是社交關係中的重要組成部分。所以，面對叛逆的孩子，我們還是要「大人不跟小人一般見識」，給他們一點時間，讓他們自己消化一下情緒；給他們一點空間，他們自己會找到新的事情忙碌起來，很快就把這個固執的狀態拋在腦後了。

總之，自我意識的出現是孩子成長過程中的一次飛躍，家長，你們做好準備了嗎？

第三節　樂於分享：親社會屬性帶來友誼

「我想玩這個！」

「不給！」

「那我不跟你好了！」

這是兩、三歲小朋友之間很容易出現的對話。對幼兒來說，分享可以給他們帶來最簡單、最直接的友誼——一起玩遊戲的玩伴。那麼對幼小的孩子來說，分享的行為是如何發生的呢？為什麼有的孩子不喜歡分享？我們如何培養孩子樂於助人、樂於分享的利他社會行為？這是本節我們要一起探討的內容。

■ 分享行為不是與生俱來的 ■

首先我們需要明確，分享行為並不是孩子生下來就具有的一種行為能力，而是一種學習性的行為，需要孩子透過觀察、模仿或者在一定的要求下才能夠逐漸形成的一種行為方式。所以，當我們看到孩子拒絕分享時，不要太灰心，經過一段時間的引導，孩子是可以形成這種利他社會行為的。

有研究顯示，兩、三歲的孩子還是很難做出分享行為的。只有當成年人提出要求、教育孩子要有分享行為，或者孩子的同伴主動要求或者強迫他們做出分享行為時；如「如果你不給我，我就不跟你做好朋友」，分享這種友善的利他社會行為才會發生。

在孩子 2 歲半～3 歲半的期間，有研究者透過觀察發現，這個年齡層的孩子會透過假裝遊戲中的分享行為感受助人的滿足感，但是現實

第三節　樂於分享：親社會屬性帶來友誼

中，他們還需要一定的時間來鞏固這種行為。對於 4～6 歲的孩子，他們已經可以在更多的真實環境中表現出助人的分享行為，而不是在遊戲裡。這是孩子的一個成長變化。

■ 為什麼孩子不願意分享 ■

強制的分享會減少分享行為的幸福感。顯然，分享行為有助於孩子，特別是幼齡孩子的社交，會讓孩子獲得玩伴，也會讓孩子感受到分享的樂趣和滿足感。心理學家始終認為，比起擁有，人們更喜歡給予。但是也有研究表示，刻意要求的分享，可能會降低分享的幸福感，進而影響分享行為的發生。自願地分享讓人快樂，義務地分享讓人想逃避。

當我們感受分享的快樂時，這種滿足感會給予分享這種行為正向的強化。但當我們是因為責任、義務或者壓力而不得不分享時，這些壓力會給分享行為帶來負面的影響。

心理學家對於一組學齡前兒童進行了觀察實驗。他們選擇 3 歲和 5 歲這兩個年齡階段的孩子，並將他們分為兩組，一組是自願共享小組（即孩子因為願意分享而分享）；一組是責任共享小組（即孩子因為義務而分享）。透過比較他們的共享行為和面部表情後，心理學家得出了這樣的結論：無論是 3 歲還是 5 歲的孩子，自願共享小組的孩子出現的分享行為比責任共享小組要多，而且責任共享小組帶給孩子的快樂要少於自願共享小組。自願共享小組的孩子在自願送出自己的貼紙（實驗道具）時，臉上表現出更大的幸福感。實驗表明，期待很小的孩子在壓力下快樂地分享是很難的。

但是從另一個層面來看，這個實驗也有它的局限性，因為我們並不能完全排除社會規範對孩子的影響，這也會對孩子產生心理壓力。

第一章　抓住孩子社交發展的關鍵期

孩子還需要時間。每個孩子都有自己的成長節奏，我們已經心平氣和地接受孩子身體發育的節奏，如長牙、翻身、站立、獨立行走……我們也需要接受孩子心理發育的節奏，例如不那麼情願地去分享。

孩子不想分享，不代表孩子自私或者家庭教育有問題，更多的情況是，孩子的心理狀態讓他們更多地關注自己的想法和感受，他們還不能夠接受去體諒別人的感受，甚至分享行為有時需要犧牲他們的利益，所以對這些孩子來說，太難了！

據調查，在有 0～3 歲孩子的家庭中，有 43% 的家長認為自己的孩子應該在 2 歲左右就可以理解並作出分享的行為；但實際上，這是家長一廂情願的想法，分享的行為一般會在 3.5～4 歲時出現。所以，並不是我們的孩子成長得遲緩，更多時候只是家長的期待過早！

作為新手家長，我們很怕孩子的發育落後於平均值，我們閱讀書籍、查閱網路，不斷獲取與孩子成長發展程度相關的資料，這些資料因為網路的發展而越來越容易獲得，且越來越需要被質疑。我們總在關注孩子是不是按照那些被反覆強調「研究出來的歷程表」成長著。但實際上，心理學雖然是科學，但是人類的大腦，特別是孩子的大腦，始終是一個未解的黑箱，任何的科學研究在人類大腦面前始終還是盲人摸象──至今沒有一個科學研究成果可以清楚地回答出孩子的大腦到底在想些什麼。更多時候，我們是基於大量的調查研究、模擬或實驗所得出的結論。而這些結論只代表一種研究觀點，並不代表絕對的正確。

所以，在我們面對孩子時，我們更應該去關注孩子當下的反應、感受、情緒動態，去關注孩子本身的成長節奏，我們可以去參考那些資源，但更多時候，我們應該去相信自己的孩子。

第三節　樂於分享：親社會屬性帶來友誼

分享是一種複雜的行為。我們很難感同身受一個玩具熊對孩子來說意味著什麼。孩子可能會因為想「討好」我們，而做出一些分享行為，但這並不是我們期待的分享。我們期待的分享，是孩子自願發生，並且從中獲得幸福感和滿足感的行為。這種分享行為的發生並不容易。

孩子要理解一些基本概念。正如我們第二節提到的，孩子在幼年時期還沒有完全形成自主意識，他們還分不清自己和他人，仍然認為世界是圍著自己轉的，他們需要什麼，馬上就會擁有，所有的東西都屬於他們。在這樣的情況下，他們怎麼可能去理解要把自己的東西分享給他人的這種行為呢？

孩子還沒有時間概念，對他們來說，失去就代表著永遠失去，離開就是沒有了。我們跟孩子說，把玩具熊給其他小朋友玩一會兒吧。他們很難理解一會兒是什麼意思？一會兒代表多久？多久又是個什麼概念。

孩子還有一個信條：我想要的東西都是我的，如果我用過了，那也是我的，誰也不能拿走。在這種情況下，我們要跟他說還有另一個孩子，要去跟他分享，他怎麼可能接受呢？

那我們是否對分享行為束手無策呢？當然不是！這一切都會隨著孩子對社交的渴望而逐漸發生轉變。

孩子的社交訴求是隨著年齡增長而逐漸發展的。在 2 歲以後，他們開始將注意力從照顧者身上轉向同齡人。到了 3 歲左右，他們明顯會對朋友產生明確的渴望。這時，我們再對孩子進行分享行為的引導，才會事半功倍，否則在他們尚未理解為什麼要分享時，過分強調分享，反而會將這種行為與孩子內心不好的體驗相連，讓孩子出現抗拒心理，可能會持續更久的「自私」行為。

▪ 家長能做些什麼 ▪

一、行為指導行為。分享是一種學習性的行為，那麼讓孩子領悟分享這種行為最好的辦法就是用行為來指導行為。譬如，在有其他孩子出現分享行為時，可以告訴孩子分享玩具非常棒，這是一種非常友好的行為。

二、正向鼓勵。當孩子嘗試分享，或者在接近分享邊緣時（他們在首次或者最初嘗試一種新行為時，都會出現這種猶豫不決的過程），再推孩子一下——給孩子鼓勵和關注，並在孩子真的成功做出這種行為時，給予明確的肯定。譬如，「你把玩具分享給小震了，你真棒！」

三、將分享行為融入遊戲中。輪流玩一個東西，逐漸讓孩子有一個給予、接受的交換概念。在這個過程中，將「分享」這個概念滲透在遊戲中。譬如，「現在輪到媽媽來搭積木了，然後是你；剛才你把紅色的球傳給媽媽了，那媽媽給你綠色的球」。

四、逐漸引導孩子換位思考的能力。當孩子不願意分享時，我們可以試圖引導他們換個角度來思考問題。這會喚起他們的感受，讓他們逐漸學會同理心。譬如，我們可以引導地問孩子：「當別人拿走你最心愛的小熊，或者他一直玩都不還給你，你會有什麼感覺呢？」

當孩子逐漸長大，他們已經可以很好地理解分享行為，並且已經從分享行為中感受到滿足感和幸福感，也會有同理心的能力——理解別人的感受。這意味著，他們越來越喜歡分享，並且願意透過分享獲得同伴的認可。但是他們仍然可能會遇到一些難題，譬如，他們非常不想把自己喜歡的玩具分享給他人。隨著年齡的增長，孩子的內心世界會越來越豐富，他們的感受也會隨之多元，他們追求公平感，對於分享，他們會

有更多的思考，譬如，為什麼要我把最喜歡的玩具給他？這並不公平！

所以，這個時期的孩子在一起玩耍時，規則的制定非常關鍵，要讓孩子感受到他們都在同一個規則下，共同輪換著玩這些玩具，每個人都有平等的機會，規則對每個人都是公平的，這樣才會讓他們平靜地處理遊戲過程中的分享行為。分享行為是孩子交友的一個基礎，讓我們耐下心來幫助孩子學習這種行為吧！

第四節　泛泛之交：幼兒時期的友誼

「我們一起玩吧！」

「好吧！」

我們還能回憶起小時候院子裡一起踩水坑、挖沙子的玩伴嗎？他現在在哪兒？他還記得我嗎？

■ 幼兒初期（3～5歲）的友誼 ■

友誼很短暫。它可能是因為一塊積木而開始，也會因為其中一人的搬家而分離，從此不曾再見。可能在剛分別的時候，孩子還對他的好朋友念念不忘，而這個好朋友就在他「念念不忘」中再也沒有任何關聯，也從此不再相見。這並不意味著孩子「沒長性」、「沒記性」、「沒感情」，這些與道德、性格相關的成人詞彙都跟小朋友沒有關係，這只是小朋友的友誼特點。他們的友誼是因「玩」而結合在一起的，因「地點」而相遇在一起的，所以，友誼也會因為「玩」的結束而告終，因為距離上的分開而中斷。

第一章　抓住孩子社交發展的關鍵期

　　研究顯示，孩子並不像我們以往研究得出的結論——他們的友誼是短暫的、隨即忘記的。他們的玩伴如果去了另一個城市或者哪怕只是短暫地離開他們的視線，他們也會經歷一個悲傷的過程。只是他們的悲傷很快會被新事物帶來的情緒所替代，這讓我們感覺他們對朋友的離開並不悲傷。實際上，有很多孩子仍在關注他們離開的小朋友，甚至還有一些成了老朋友（常年透過網路保持聯繫）。

　　友誼簡單、直接。他們在一起時，上一秒鐘還在開懷大笑，下一秒鐘可能就會因為一個玩具而大打出手。他們在一起玩得高興時會快樂地跳起來，叫喊著，興奮地四處跑；玩得不高興時，會直接跟媽媽「告狀」，扭頭跑開，動手打起來，氣得哇哇大哭。這是他們的特點，這個階段的孩子就是這樣簡單、直接，很容易快樂，也毫不掩飾自己的各種情緒。

　　友誼是玩出來的。他們並不像成人或者青少年一樣，需要在一起分享感情。這個時期的孩子，他們的朋友是「可以一起玩的人」、「互相知道名字的人」、「不會搶對方東西的人」。他們並不清楚對方的個性，也對對方的興趣、愛好不太關心，更不會考慮如何維繫友誼。他們不用換位思考，他們只是活在當下、此刻，我們在一起玩得很開心。

　　友誼是沒有性別的。我們可能會看到男孩女孩在一起玩家家酒、手牽手，甚至擁抱或者「宣布」結婚了。但是在他們的腦海裡，對性別的概念是模糊的。他們只是在遊戲中模仿成人世界的關係，在遊戲中演練自己平時看到的情節，這些都與性別毫無關聯。所以，我們也不要用成人的眼光來看待這個時期男孩女孩之間的行為。

第四節　泛泛之交：幼兒時期的友誼

■ 幼兒中期（6～8歲）的友誼 ■

固定好友的出現。比起幼兒初期，這個時期的孩子已經開始上學，他們不會像小時候那樣隨心所欲地外出、交到朋友。他們的生活開始固定下來，每天都會跟學校裡同班的孩子在一起，友誼也逐漸開始固定下來。

朋友很多。這個時期孩子友誼的另一個特點就是朋友很多。他們喜歡成群結隊地在一起玩，凡是能玩到一起的，就是朋友。他們也喜歡將「朋友」兩個字掛在嘴邊，喜歡跟朋友在一起，喜歡朋友對自己的認同和順從。他們對朋友很大方，從不會講條件，他們會愉快地與朋友分享，也會開始觀察和考慮朋友的心思。

單向友誼。在這個時期，大方的、主動的孩子會成為受歡迎的孩子，更能跟同學們打成一片。薛爾曼的角色取替理論認為，這個階段的孩子所理解的朋友就是那個主動「幫助」自己的人。他們仍然因為共同在一起玩遊戲而成為朋友，但是比起幼兒早期，他們的友誼持續時間明顯變長，甚至會惦記自己的朋友，但是更多的情況下，他們「惦記的」是朋友帶來的好處，朋友能滿足自己的願望，如果朋友不能夠達到自己的期待，那麼友誼也會很快終止。

■ 幼兒晚期（9～12歲）的友誼 ■

互惠互利的友誼。這個時期的孩子心智更為成熟，他們更能夠體諒他人的需求，也更意識到朋友的重要性。所以，他們逐漸學會了交換：我買了新的玩具，你也有新玩具了，我們換著一起玩吧！

需要志同道合。隨著自我意識的成長，他們對自己的喜好也越來

第一章　抓住孩子社交發展的關鍵期

明確，他們會喜歡跟自己愛好一致、興趣相投的同伴一起分享。但是他們仍然會成群結隊地在一起玩耍，並且心裡知道他們在哪些地方有共同點，哪些地方的觀點並不一致。

親密的關係。我們可能很難相信，這個時期發生的友誼，有的甚至會持續一生。但這的確是可能發生的，也真實地出現在我的生活中。所以，比起前兩個階段，這個時期的孩子對待友誼的態度更為成熟、穩定，也有機會形成親密的友誼，這種友誼比起成年的友誼要更單純，也更讓人著迷。

在這漫長的幼兒期（3～12歲），我們的孩子逐漸從家庭過渡到他們自己的社會圈（有同學、老師、朋友……），在這個過程中，我們需要關注些什麼呢？

不同的年齡階段有不同的交友特點，家長切勿操之過急。對幼兒來說，只相差半個年齡階段的差異，孩子的狀態都有可能完全不同。所以，我們不能強迫2歲的孩子去分享，3歲的孩子去體諒別人，5歲的孩子懂得互助。我們需要伴隨孩子的成長節奏，在這樣的一個前提下，做一些我們能做的事情。

對於幼齡初期的孩子，友誼對他們來說是一種陌生的關係。他們可能會有短暫的害羞、怕生、退縮不前，但是對於友誼的需求會成為他們的內在動力，推動他們逐漸走出自己的安全區，去嘗試著建立這種新的關係。大多數孩子的害羞、怕生等行為，都會隨著年齡的增長而逐漸好轉，特別是到了學齡期，我們會發現孩子由於自主意識的成長，會越來越有主見。有時，我們看到他自己一個人玩，並不一定是他害羞、怕生，還有可能就是他只是想自己待著，想自己的事情。

第四節　泛泛之交：幼兒時期的友誼

　　當孩子有了朋友之後，新的問題也隨之出現了。有分必有合，有合也必有分。他們在感受友誼帶來的歡樂時，也需要面對友誼帶來的痛苦。他們可能會感受到背叛、冷落、孤單，甚至有時會感覺被傷害。我只能說，這就是成長帶來的代價，但孩子伴隨著這些經歷，就慢慢長大了。在這些時候，我們可以做的就是意識到孩子情緒的變化，在他們低落時，陪伴著他們；在他們質疑友誼時，給予正面地肯定，給予他們力量；在他們困惑時，跟他們分享自己的解決方案。

　　做好友誼關係處理的模範。先天因素和教養對幼兒的成長都存在影響。父母對待關係中矛盾的處理辦法，父母是否能夠去體諒他人，積極處理關係中出現的問題，這些都會潛移默化地影響孩子。同時，我們還需要幫助孩子看見自己的情緒，因為看見情緒是培養同理心的第一步，而同理心又是影響友誼關係的核心因素。這些我們會在後續的章節中詳細闡述。

　　幼兒時期的友誼更像是一種體驗，正如我們前面提到的，孩子在進入幼兒晚期時，才可能會有真正類似於成人的友誼出現，在此之前，他們的夥伴關係充滿了兒童的特點——具備滿滿的不確定性和偶然性。但是這種體驗對他們來說非常重要。無論快樂的分享、美好的回憶，還是不經意的傷害與被傷害，甚至離別對他們來說都是人生中的第一次體驗。這種經歷，我們不能妄加干涉，甚至為了所謂的避免孩子受傷而橫加阻攔，甚至剝奪孩子體驗的權利。我們在孩子的友誼關係中，更應像是一個旁觀者，除非他們需要我們，其他時間裡，我們只需安靜地觀察，看著他們去摸索、去感受，一路跌跌撞撞，但卻一直前行。

第五節　同一性：青春期社交重要的一課

「去哪？要吃飯了！」

「媽，我不吃了，跟朋友約好踢球了！」

「那也吃點飯再去啊！」

「我們在路上買點東西吃就行了！」

這可能是一段再普通不過的母子之間的對話。十幾歲的孩子，他們不再是每天纏著媽媽要抱抱，躲在爸爸身後偷偷觀察的小傢伙了。他們有自己的朋友、自己的生活圈，甚至自己的小世界——不對任何人開啟的內心花園。孩子的成長就是讓我們這樣措手不及。伴隨著青春期的到來，他們逐漸迎來了新一輪的社交敏感期。

■ 青春期的變化 ■

青春期的一個重要特徵就是迎來身體生長的第二個高潮。在荷爾蒙的影響下，他們的身體發生了巨大變化。雖然我們無法弄清楚，到底是青春期的到來讓孩子身體發生了變化，還是孩子身體的變化導致了青春期的到來，總之，伴隨著青春期，這些孩子開始有了自己的世界，一個不再向父母敞開卻住進了新朋友的世界。

男孩在雄性荷爾蒙的作用下變得高大挺拔，肩膀變寬，然後開始出現第一根鬍鬚。女孩則在雌性荷爾蒙的刺激下，髖部寬度明顯增加，乳房也開始發育。這些身體上的變化讓他們看起來更像是成人。

第五節　同一性：青春期社交重要的一課

▆ 青春期友誼畫像 ▆

與幼年時期那些隨遇而安、雲淡風輕的友誼不同的是，青春期的友誼帶著一抹濃烈的色彩。

在電話還沒有普及的年代，書信是青少年最含情脈脈的表白。回顧我的青少年時期，哪怕是天天相見的朋友，夜晚時分，寫完作業後，我還是會在燈下奮筆疾書。第二天早上一到學校，就把連夜寫的書信交給我的摯友，再帶著激動的心情，趁著上課前，迫不及待地拆開她寫給我的信。直到現在，這些記錄著我們那段燃燒著青蔥歲月的書信還被我們珍藏著。偶爾翻出來讀一讀，那些充滿了能量和激情的文字，成了我們三十年友誼的見證。

青春期的年輕人之間有說不完的話，聊不完的話題；他們剛剛分別，下一秒又渴望見面；他們之間的友誼濃度甚至超過成年之後的戀人關係；他們甚至要求友誼是一對一的，不允許其他人介入；他們會因為不平衡的友誼關係（譬如，為什麼沒給我回信？你為什麼跟她走得更近了？）苦惱、爭吵，甚至決裂⋯⋯這些濃厚的青春期的感情，像極了一對戀人。不得不說，他們友誼模式的變化與青春期旺盛的荷爾蒙分泌有著一定的關係。

▆ 同一性的提出 ▆

除了身體上的變化，青春期的少年變得更加獨立，他們花費更多的時間思考自己。思考自己是誰，自己哪裡與眾不同，怎麼才能夠更獨立、更成功，如何對待未來的生活⋯⋯他們在童年時從來都不會思考這些問題，而到了青春期，這卻是他們貫穿整個成長階段的主題。心理學

家艾瑞克森意識到了這些問題對青少年的重要性，首次提出了「同一性」的概念，迄今為止，「同一性」仍然被認為是青少年發展中的核心概念，對青少年各個方面的發展有著極為重要的影響。

■ 同一性對青少年社交的影響 ■

同一性的探索讓青少年的友誼變得更親近。正因為有這麼多需要思考的問題，讓這些青少年之間的關係更加緊密。他們有了更多的話題可以一起探討，在逐漸形成的世界觀、價值觀、人生觀的過程中，他們更會體驗到人與人之間因為彼此理解、志趣相投而帶來那種酣暢淋漓溝通關係的美妙。這些從未出現過的深層理解，讓青少年欲罷不能。於是就會出現我們前面提到的青春期友誼畫像中的樣子。

這也是我們家長最難理解的一部分，我們很難理解，剛剛從學校回來的孩子，扭頭鑽進房間，拿起手機還是跟才剛分別的小夥伴傳訊息、聊天。我們開始揣測他們到底在聊些什麼，猜想他們之間是不是有什麼不可告人的祕密，思考他們之間的關係。帶著這種不理解，我們會詢問、質疑，甚至翻閱他們的聊天紀錄，趁孩子不在時偷看他們的日記……親子關係在懷疑中開始出現裂縫，這種縫隙會因為爭執而擴大，甚至發生衝突，將關係降至冰點。

同一性的探索可能會讓青少年孤立。青少年在同一性的探索過程中，並非總是一帆風順的，他們可能會經歷同一性混亂。這種混亂會給他們帶來前所未有的孤獨感。當青少年來到青春期這個階段時，他們突然開始面臨需要扮演很多新的角色，一些他們從未涉及甚至從未思考過的身分，如未來的職業角色、浪漫關係中的角色等。他們甚至會經歷一段不同尋常的時期──心理社會延緩期，意即他們需要一段處理自己從

第五節　同一性：青春期社交重要的一課

兒童到成人，從安全感轉換到自主感的心理過渡期。

在這段時間內，他們可能會變得激進——不斷地嘗試新的自己，推翻自己過往的一切，甚至是友誼。他們也可能變得退縮——不想面對這些複雜的問題，把自己隱藏起來，冷漠處理所有的關係，包括友誼。他們還可能變得反覆無常——不斷地處於矛盾之中，不接納自己的觀點，對於外界的訊息又沒有能力判斷選擇有價值的資訊，缺乏主見，人際關係變得混亂。

同一性和社交相互促進、彼此影響。同一性的發展可能會持續很多年。當今的一些理論家甚至認為，同一性的發展始於嬰兒期，隨著孩子的依戀、自我感知和獨立性的出現而開始發展，終於老年期，隨著對自己生命的回顧和整合而結束。無論哪種觀點，青春期是同一性發展最為重要的一個階段。

在這段時期，他們在尋求自我的同時，還在積極地尋找聯結——友誼。他們在友誼中獲得資訊和信心，資訊不斷地豐富他們的見識，幫助他們開闊思路地去尋求自我；信心給予他們勇氣，讓他們不斷嘗試渴望的自我。而他們在尋求自我的路途中，透過一次又一次的抉擇、一次又一次的嘗試，也帶給他們新的社交機會，為他們的社交關係注入新的血液。

反之，如果他們同一性發展不順利，他們可能會不斷地對自己持否定的態度，缺乏自信，不想與人溝通，出現社交退縮、社交倦怠；或者他們可能走向另一個極端，變得易怒、陰晴不定，情緒化，甚至出現攻擊性行為。

雖然我們都從青春期走過，但是面對孩子的青春期，我們還是會出現一些困惑。我們原本那個無話不說的孩子，怎麼一夜之間就變得陌生

和疏離；那個乖巧懂事的孩子，怎麼突然變得難以溝通；如果我們嘗試用一些不同的態度去理解他們的變化，或許我們會多一些寬容。

■ 家長能做些什麼 ■

良好的家庭氣氛。毋庸置疑，雖然同一性是孩子對自己的追尋，但是家長是對他們有影響力的人物。研究者發現，民主型的家庭，鼓勵孩子參與家庭中的決策，可以促進孩子同一性的獲得；反之，專制型的家庭，不斷地控制孩子的行為，剝奪孩子在家庭中的表達權，會導致孩子同一性發展受阻，出現同一性早閉的現象，即父母用權威的方式向孩子灌輸思想，讓孩子沒有足夠的機會去探索不同的生活道路、意識形態和職業。

家長平和的心態。如果我們能夠經常與孩子保持良性的溝通，對他們與以往不同的行為保持一顆平常心，接納他們多變的情緒，並對突發的情況保持同理心，這些會促進青少年同一性的順利發展，會增加他們的信心。

反之，如果我們對待他們總是猜忌、質疑，貶損他們的一些嘗試性行為，甚至在他們表達不同觀點時，嚴厲地批評他們，這些無疑會阻礙他們同一性的發展。

所以，良好的家庭氣氛和家長平和的心態是青少年成長過程中最好的土壤。包容的心態，開放的氛圍，給予青少年充分的表達空間，允許他們為自己發聲，這都是讓同一性健康發展的模式。孩子只有認清了自己，才能在友誼的道路上越走越寬，越走越遠。

第六節　自尊與自我：看清自己才能找到朋友

我們可以閉上眼睛，來思考一個問題：

如果用 5 個詞來評價自己，我們會選擇哪 5 個詞呢？

如果我們用 5 個詞來讓孩子對自己進行一個簡單的評價，他們會怎樣評價自己呢？

■ 什麼是自尊 ■

自尊就是自己對本身一個整體的評價，也被稱作自我價值或自我形象。

在前幾節，我們一直在圍繞著「自我」展開。「自我」是指每個人獨特的個人生理和心理特徵的總和。隨著孩子年齡的增長，他們不但對自己的身體越來越了解，而且對自我的認知越來越豐富，同時，他們透過與環境的互動和碰撞，他們對自己也逐漸形成了一些評價。而這個對自己的評價，是自我認知裡最重要的組成部分，將影響孩子的行為和心理健康，將影響孩子生活的各方面。

■ 孩子的自尊並不是一成不變的 ■

幼童的自尊。對幼齡的兒童來說（3～8 歲），他們對自己的評價還停留在很簡單的維度。他們掌握的詞彙較少，對自己內在的思考也少，這時，他們通常對自己的評價會過於樂觀。

例如，一個 6 歲的男孩對自己的評價如下：我叫小偉，我今年 6 歲了，我家裡有爸爸、媽媽和我，我喜歡小動物和做手工，我有很多朋

友。今年我要上學了，我認為我很棒。我參加了幼兒園的認字大賽，我認為我一定能獲得第一名！

青少年的自尊。對於青少年（9～16歲），由於他們的語言能力和思考能力進一步發展，他們對自己的描繪會更加抽象，也會用更多的話語描述自己的內心活動。這個年齡階段的孩子對自己的評價明顯會較之前更為客觀，他們有很多評價是來自家長、老師或者同輩朋友。特別是這個階段，孩子正處於青春期，正處於對自我同一性的探索階段，有時，評價會傳遞出他們在這個時期的矛盾、困惑和苦惱。

例如，一個11歲的女孩對自己的評價如下：我叫安迪，我今年11歲了，正在上初中，我的學習成績一般，長相也很普通。我個子較高，在班級裡算是最高的女生了。我的朋友不多，因為我不是很外向的人，我的脾氣也不是很好，但是我很願意幫助別人。

年長一些青少年的自尊。對於年長一些的青少年（17歲以上），他們對自己的評價已經基本穩定，對待客觀的世界有自己的看法，並且隨著他們思考能力、理解能力的增強，他們對待自己的評價也更為客觀和準確，他們對待內心的矛盾也更加平靜和接納，困擾會少很多。

例如，一個17歲的男孩對自己的評價如下：我叫李樂，今年17歲，在上大學，主修是系統自動化。我很喜歡我的專業，我希望用10年的時間，成為這個領域的專家。以後，我希望可以成為像賈伯斯一樣能改變世界的人。我性格有些內向，但是在熟悉的人面前我也是很健談的。我平時喜歡讀書、旅行，還沒有女朋友。但是我相信不久的將來一定會遇到自己喜歡的女孩。

一個人對自己的評價並不是一成不變的。根據心理學家艾瑞克森的研究發現，青少年在走出童年，來到成人世界，開始尋求穩定的成人認

第六節　自尊與自我：看清自己才能找到朋友

同感的過程中，常常會感到困惑，導致自尊心下降。還有一些研究顯示，青少年在生活階段發生變化時，如小學升入初中、初中升入高中、高中升入大學時，自尊心會呈下降趨勢，他們對自己能力的信心降低。在進入成年之後，他們的自尊會保持在一個相對平穩或者穩定增加的狀態，到了 65 歲之後，又會開始下降。

■ 自尊和社交的關係 ■

正向的自我評價對社交起了促進的作用。自尊是對自己的尊重，對孩子來說，自尊是自信的來源。很多社交中行為問題的核心都與自信相關，譬如，社交焦慮、社交恐懼、及社交迴避。能正面自我評價的孩子，他們積極展示自己，他們好奇、獨立、有自己的想法，又樂於迎接挑戰；他們主動又勇敢承擔，積極探索又勇於質疑；他們靈活，能夠快速適應各種變化，遇到挫折又能積極面對，用微笑來應對批評和嘲笑。

這些特質，讓他們成為人群中受歡迎的人。他們有趣、有魅力、吸引人。跟他們在一起能夠吸收到正向的能量。他們在社交中是主動的一方，他們不會因為對方沒有回饋而退縮，或對自己產生懷疑。遇到問題時，他們更願意主動地解決問題而不是相互猜忌。這樣的孩子誰能不喜歡呢？

相反，消極的自我評價對孩子的社交會有一定的負面影響。對自己評價過低或者一直處於不被認可的孩子，很容易對自己產生不正確的認知，質疑自己的能力。他們不認為自己可以獨當一面。他們更想待在一旁，遠離人際之間的交流，他們認為互動對他們來說是存在風險的。他們不認可自己，當出現問題時，總擔心是自己的原因，所以顯得畏畏縮縮，不敢面對，只想逃離。

在社交中，對自己評價較低的低自尊孩子，他們在關係中是被動的一方，這讓他們總是處於被選擇的位置，不敢追求自己喜歡的。在關係中遇到問題時，他們也較為容易放棄關係，或者被動地等待，或者選擇逃離。他們因為缺少自信而不敢相信自己的想法，不敢去嘗試，因此會讓人覺得缺乏活力和無趣，缺少靈活性，缺乏吸引力。

■ 影響自尊的因子 ■

父母的教養方式對自尊有至關重要的影響。依戀型親子關係，對嬰幼兒期的孩子建立正面的自我評價有著極大的幫助；讓孩子知道他們是被愛著的，得到父母的正向回饋，有家庭成員的陪伴，家庭中建立和諧的相處和溝通的氛圍。高自尊孩子，他們的父母一般也更和藹可親，更願意聽取孩子的意見。在孩子的成長過程中，特別是當他們嘗試新的事物時，多採用正向、鼓勵的話語，相對於打擊或者否定孩子，這對於提高孩子的自尊肯定有更正面的影響。

同伴、朋友對孩子的自尊有著直接的影響。對兒童和青少年來說，同伴是除了父母以外陪伴他們最久的人。在上學後，他們跟同伴在一起的時間、在一起分享的內容會遠超過父母。而且與父母不同的是，跟父母在一起時，他們會將父母的行為當作準則和示範；而同伴，當他們在一起時，他們把對方當作競爭者。他們會彼此相互比較，從中獲得對自己的評價。特別是到了青春期時，孩子變得異常敏感，同伴對自尊的影響更為明顯。親密的朋友對青少年的讚美與肯定和來自同伴的支持，特別是戀人的支持，對他們自尊的影響極大。

> 第六節　自尊與自我：看清自己才能找到朋友

■ 家長能做些什麼來幫助孩子提高自尊呢 ■

一、積極的對話。正如我們前面所提到的，雖然沒有證據可以證明正向的、支持型的教養方式和孩子自尊較高存在因果關係，但是正向的話語對於提高孩子的自尊，一定比否定的、負面的話語更有效果。

二、親密的同胞關係。有兄弟姐妹的家庭，孩子之間還構成了同伴關係。兄弟姐妹之間建立牢固的親密關係，對每個孩子的自尊心的提高都有幫助。當然，父母要避免在他們之間進行比較，應該看到每個孩子的特點，並給予肯定。父母還要更注重家庭整體價值觀的建立，更注重引導孩子之間相互學習，用正面的心態來協調孩子之間的競爭。

三、看見孩子。孩子渴望被看見，他們本身就具有強烈的被認可渴望。所以，在家中盡量找一些孩子力所能及的事情，讓孩子參與並承擔一定的責任，這樣會讓孩子感覺自己被看見、被重視，真正地成為家庭的一分子。

四、建立家庭制度。家庭制度當然不必像公司那樣細緻和嚴謹；例如，每週由孩子來分擔哪些家務，每天睡前要跟父母擁抱，每週有一次家庭的遠足等等。這些制度更像是一種引導，引導孩子堅持、持久地做些事情，並逐漸養成一些良好的習慣，這對孩子自尊的提升有著非常大的幫助。

五、盡量用開放式的溝通方式。讓孩子做選擇題而不是做是非題；讓孩子愛上主動表達，並不是不斷質疑孩子的能力和敦促孩子講話，而是用開放式的溝通方式來引導孩子自己表達。我會在後面的章節中更加詳細地表述。

讓孩子愛自己，才會愛他人，才會收穫愛。加油吧！

第一章　抓住孩子社交發展的關鍵期

第二章
家庭：孩子第一個社交圈

第二章　家庭：孩子第一個社交圈

第一節　誰養育了受歡迎的孩子

小 A 是班級裡的班花，長得漂亮又懂事，大家都很喜歡她。

小 B 比較沉默，總是默默地坐在後面，做自己的事情。

小 C 在班級裡總是打架，除了自己的小弟兄，很多同學都怕他。

小 D 是班級裡學習最好的，很多同學崇拜他，但是也有同學嫉妒他。

1982 年，幾個研究者透過分析社會測量資料，將兒童進行了以下分類。

一、受歡迎兒童；在兒童中很受歡迎，只有少數的人不喜歡他們。

二、被忽視兒童；他們被關注，被提名喜歡或者不喜歡的次數都很少。同伴對他們似乎是視而不見。

三、被拒絕兒童；他們被大多數人不喜歡，只有少數人喜歡。

四、有爭議兒童；他們被許多同伴喜歡，也有許多同伴不喜歡。

除了這 4 種具有典型特徵的兒童約占人群中的 2/3，另外還有 1/3 的人是一般兒童。

我們都希望自己的孩子是受歡迎的兒童，但是這並不一定能如願以償。

■ 什麼樣的孩子是受歡迎的 ■

如果讓我們來描述心目中受歡迎的孩子，每個人都會說出一些共同的特徵，如有責任感、願意分享、樂觀、友好、合作、沒有攻擊性……

第一節　誰養育了受歡迎的孩子

但這些真的是受歡迎的孩子所具備的條件嗎？其實並不一定。

有研究者發現，在群體中，受歡迎的因素可能很多，例如學習好、有吸引力、身高出眾、有魅力、溝通能力強、主動地提供幫助……但根據研究發現，這些因素並不是一成不變的，通常會隨著社會文化的不同、兒童年齡的變化而有異。

例如，那些看起來很酷、行為比較出挑（一些反社會行為，如說髒話）的人可能更受男孩的歡迎和女孩的青睞。

在不同的社會結構下，受歡迎的孩子的特質會有細微的差別。例如，在個人主義文化氛圍下，更注重個體的個性化。在教養方式上，也會更注重鼓勵孩子的個性化表達和獨立思考能力。而在團體主義文化氛圍中，則注重個體的合作意識。在教育體系中，會更強調合作的重要性。所以，特別有個性的孩子有時反而會出現被排斥的現象。

在不同的文化背景下，受歡迎的孩子特質也會存在差別。譬如，在北美的整體教育氛圍中，很注重孩子運動能力的培養，所以從幼兒時期，家長會花大量的時間、精力和金錢在孩子的運動能力的培養上。因此，在北美，愛運動也會是兒童在校園裡受歡迎的重要因素之一。反過來講，如果孩子不參加學校的運動團體，就很難在校園裡找到朋友。但是在很多東亞國家，家長更注重孩子文化素質的培養，孩子的課餘時間基本都被學術類的輔導課占據，體育活動和運動能力的培養並不被重視，所以，體育優秀的孩子就不會在校園裡得到太多的關注，愛運動也不是孩子受歡迎的主要因素之一。

受歡迎的孩子與攻擊性的關係。如果我們認為受歡迎的孩子一定是不具有攻擊性的孩子，這也是個偽命題。受歡迎的孩子在群體中有很高

第二章　家庭：孩子第一個社交圈

的地位，他們受人矚目，有很多的追隨者，他們是社交圈子裡的核心人物，懂得社交規則。但是許多研究發現，受歡迎的孩子保持自己地位的方式是公開的關係性攻擊。

很多研究表示，受歡迎的孩子為了保持自己的核心地位，會採用忽視、排擠、威脅甚至是散布謠言等方式，特別是男孩，受歡迎的男孩甚至會更具有攻擊性，他們會發起更多的爭鬥，更具有破壞性。

關於受歡迎的孩子的一些負面聲音。孩子希望在學校獲得同齡人的喜歡，希望獲得別人的肯定，希望從環境中得到他們有魅力、有趣或者受歡迎的回饋，但這是一項高維護性的活動。他們需要像公關公司一樣，營運他們的社交圈子。譬如，他們需要不斷地花費精力在社交上，這有時會影響學習和家庭生活；他們因為年齡還小，所以並沒有完成自我意識的固化，他們的價值觀、世界觀並沒有完全成形，有時會為了受歡迎而不斷地去取悅他人。這對孩子的成長沒有益處。

那我們要放棄培養孩子成為一個受歡迎的孩子了嗎？也不是！我們並不想讓孩子成為群體裡被排斥的、被嘲笑的、被冷落的或者被欺負的那個。我們希望孩子能夠在群體裡獲得自己的一席之地，可以站出來表達自己的聲音，有獨立思考的能力，同時在群體裡也能具有融合性。我們期待孩子樂於助人，但又不會為了助人而失去自己的原則，我們期待孩子是受歡迎的，但不是為了受歡迎而活。

■ 我們可以讓孩子更受歡迎嗎 ■

好消息是，我們可以透過一定的教養方式和與孩子的共同努力，讓我們的孩子更受歡迎；壞消息是，並不是一切都在我們的掌握之中，我

第一節　誰養育了受歡迎的孩子

們做不了全部。

一、父母提供的生長環境決定了孩子的社交基礎。有研究表示，童年生活是幸福的母親更容易生下受歡迎的孩子；反之，童年充滿敵對傾向的母親更容易生下不受歡迎的孩子。而介於兩者之間的，譬如，母親的童年是在孤獨或者焦慮環境下成長起來的，那麼她的孩子可能處於中等以上較受歡迎的程度。

二、基因也是影響孩子是否受歡迎的一個因素。這也是讓我們無奈的一個因素，有的孩子就是天生自帶「討喜性格」，他們生下來就是有吸引力的人，他們身體健康、充滿活力，個性上總是熱情的、積極的、樂觀的。這樣的孩子從很小的年齡就可以從人群中突顯出來，而這些基因來自於他們的父母——上一代通常也是「令人感到舒服的」。這樣的父母在教養過程中，又進一步加強了孩子的特質，讓孩子形成了「總讓人感覺舒服」的社交特點，自然這樣的孩子在社交場合中會是更受歡迎的那個。

三、安全型依戀關係有助於孩子形成受歡迎的特性。這是我們可以努力的部分。安全型依戀，會給予孩子安全感，孩子將父母視作安全基地，在父母的陪伴下，他們在嬰幼兒時期就會勇於獨自探索，因為他們知道父母會給予支持和緩解他們的壓力。這類兒童很隨和並且大方，相對來說很獨立，但是又跟父母保持親密的關係。反之，不安全型依戀模式的親子關係更容易產生冷漠、獨立性差、友善卻缺乏溫度、對人藏有戒心、拒絕親密關係等特性，這都不利於孩子未來的社交發展。

四、避免成為攻擊型家庭。攻擊性是最容易被模仿的行為，而好鬥的孩子通常是最不受歡迎的孩子。即便是受歡迎的孩子可能透過攻擊他

第二章　家庭：孩子第一個社交圈

人來獲得自己的地位，但是反之並不成立，即攻擊型的孩子（愛打架、蠻橫、叛逆等）並不會成為受歡迎的人。父母整天爭吵、冷戰、婚姻不和諧，這都會在無形中影響著孩子，讓孩子感染攻擊性。很多研究顯示，父母吵架時孩子的內心會非常難受，家庭中的持續爭吵會使得孩子和兄弟姐妹、同伴的關係變得敵對和富有攻擊性。而且孩子在這樣的環境下成長會變得越來越難以管教，這也會進一步增加家庭整體關係的緊張度。

五、父母在無形中傳遞情緒的處理方式。有一句頗為流行的話，「所謂的高情商就是處理好自己的情緒」。可見，情緒的調節在人際關係中的重要性。情緒的調節能力並不是與生俱來的，而是隨著孩子的成長逐漸學習到的一種能力。父母的行為就是最好的教科書。年幼的孩子在玩耍中遇到狀況時，正是父母引導孩子學習如何處理自己情緒的好時機。例如，孩子在跌倒後，向父母尋求幫助，如果父母的情緒反應是焦慮的、煩躁的，那麼孩子可能哭泣的時間會更長。

六、我們也不該過多地干涉孩子的社交。過多的干涉會讓孩子感受到壓力，甚至在朋友面前顏面盡失。但是我們還是需要知道孩子的社交情況，所以，對孩子社交的「干預度」是需要在生活中不斷與孩子磨合的。

最重要的一點是，我們要知道，每個人生下來都是自帶光環的，生命本身就是閃耀的，所以，我們要讓孩子知道，生命最美的樣子就是做自己，做自己就是最好的社交起始點。

第二節　是兄弟也是朋友：家有個孩子的相處之道

隨著中國大陸二胎的開放，大陸各地多了好多家中有二個甚至三個小朋友的家庭。在家長歡喜地迎接小生命的同時，很多媽媽也開始思考新的問題：怎樣更好地讓兩個孩子相處，避免同胞競爭？怎樣引導孩子，可以讓他們在享受親情的同時，也學到一些人與人的相處之道呢？這些都值得我們一起探討！

越來越多的家庭步入多子女家庭，兄弟姐妹通常是孩子的第一個玩伴。很多父母反映，當有了第二個孩子後，第一個孩子明顯不像之前那麼「黏」自己了，孩子們更喜歡在一起玩，他們也更能玩在一起。

我們甚至得出一些更具體的研究成果，譬如，對一個家庭來說，所有孩子與家庭獲得最好的教育和經濟收益的家庭結構是 XB-S，即較年長的孩子──性別不限（X）最好早於他的弟弟（B）2 年出生，而早於他的妹妹（S）5 年或者 5 年以上出生。

▌同胞關係的影響 ▌

同胞關係對孩子的影響深不可測。很多研究都在圍繞著同胞關係展開。同胞關係以不可預測的方式在我們孩子的人生中發揮作用，究竟產生怎樣的影響，結果也是難以預料的。有研究表示；兄弟姐妹之間的相處，可以對孩子的人際關係產生正面的影響，幫助孩子學會如何與同輩相處，如何處理衝突和解決矛盾。但也有研究持完全相反的觀點；兄弟姐妹的存在反而會影響孩子的社交模式，或者帶來「同胞競爭障礙」，影響孩子的人生。無論怎樣，有一個觀點是統一的，即同胞關係對孩子存

第二章　家庭：孩子第一個社交圈

在影響，且影響貫穿他們的一生。

在同胞關係研究領域已經達成共識的是，同胞關係會對孩子產生正向或者負面的影響。正向的同胞關係，如同胞之間表示友愛、親密、崇拜、相似、互相欣賞等親社會性行為，會促進孩子的相關領域的發展；反之負面的同胞關係，如衝突、侵犯、敵對、冷漠、競爭等，會對孩子的個性發展產生阻礙。

正向的同胞關係有利於緩衝兒童的適應問題。譬如，當孩子遇到生活的變故、創傷，或者帶著負面情緒時，正向的同胞關係可以讓同胞成為孩子分享的對象，可以幫助孩子減少創傷後的壓力和憂鬱情緒。反之，負面的同胞關係在適應性方面對青少年的影響遠高於正向的同胞關係對青少年的影響，是青少年社會性發展面臨的主要危險因素之一。

同胞關係在認知、情感和社交方面也會對孩子有一定的影響。有研究指出，同胞關係對孩子認知、情感和社交方面的影響更大。同理心的概念可以在孩子之間相互傳授，不僅僅是年長的孩子會影響年幼的孩子；反之也成立。年長的孩子會對年幼的孩子產生模範效應，幫助年幼的孩子來認知這個世界。這種正面的同胞關係，會讓年幼的孩子感受到被關心和被關注。卡加利大學和多倫多大學的研究者，曾對452個加拿大的同胞家庭進行研究，他們發現年幼的孩子和年長的孩子對彼此的同理心方面都做出了正面影響的貢獻。同時，年齡差異較大的家庭中，年長的孩子對年幼的孩子影響力更大。

在情緒方面，同胞互動的過程中總會產生開心、生氣、憤怒、沮喪等等情緒，這為孩子提供了很好的機會去體驗、了解情緒，也有助於孩子在未來學會辨識、表達和調節情緒。而正向的同胞關係會對孩子情緒

第二節　是兄弟也是朋友：家有個孩子的相處之道

方面的學習有著較好的影響，它可以幫助孩子學習表達情緒，促進情緒之間的流動，可以讓孩子更好地學會管理情緒，幫助孩子日後在社交中更好地處理人際關係中的情緒適應問題。同時，同胞相處過程中出現的分歧、矛盾，也幫助孩子學習人際關係中衝突的解決方式，對孩子社交有著很重要的作用。

對同胞關係影響的質疑。仍然有很多研究不斷地質疑同胞關係的影響，例如，心理學家蘇珊・多迪指出，我們不應該去擴大同胞之間的影響；她甚至會擴大解釋一些論點，如同胞關係會導致孩子的不良發育。隨著孩子的成長，到他們成年時，他們所經歷的足以忽略掉兄弟姐妹帶給他們的體驗。同胞影響，完全可以被氣質、個性和個人偏好的差異所取代，缺少兄弟姐妹可能會在某種程度上影響孩子的生活，但這只是眾多影響力中的一種。

無論同胞關係對孩子的影響到底有多大，對我們一個獨立的家庭來說，孩子是家庭的一部分，孩子之間的關係影響著家庭整體的環境氛圍。對孩子個體來說，朋友可以分分合合，同胞之間的關係卻是一輩子的，是人一生中最漫長的關係之一。所以，正向的同胞關係，對整個家庭和每個個體都有著正面的影響。

那麼，如何在家庭中建立正向的同胞關係呢？

一、提早預防優於出現問題時再解決。為了防止同胞競爭的出現（關於同胞競爭的詳細內容，請參考我的另一本書《兒童青少年行為心理學》），我們應該從一開始就鼓勵孩子們相互尊重，鼓勵孩子們多進行合作遊戲。如果發現競爭的徵兆，就儘早阻止它發生。有研究表示，鼓勵孩子們一起玩，會促進同胞之間正向關係的建立。雖然孩子們存在年齡

第二章　家庭：孩子第一個社交圈

差距，參與共同活動有一定難度，但這絕對是一個值得嘗試的、建立正面同胞關係的開始。找到孩子們共同感興趣的玩具、運動或者共讀一本書，嘗試鼓勵他們每天至少在一起玩一次。

二、不偏心地對待每一個孩子。雖然手心手背都是肉，但是身為父母，我們很難解釋對某一個孩子無理由的偏愛，我們沒有辦法控制這種自然而然產生的偏愛。但是在孩子面前，我們能做的就是平等。珍視每一個孩子的特點，並讓孩子感覺到被關注、被看見。協調好自己的時間，給每個孩子留出來一對一的時間，跟他們溝通、分享。我知道對每天上班、下班還要承擔家務、照顧孩子的媽媽來說，這很難，但是這對孩子真的很重要。

三、公平地調解孩子之間的糾紛。當孩子之間出現矛盾時，我們首先鼓勵他們自己解決，雖然這並不容易。當他們無法自行解決（這是一定會有的情況），或者他們沒有掌握好解決糾紛的辦法時，我們可以利用作為調解人的角色來參與到孩子的糾紛中。這時，我們的處理方法也會對孩子之間正面關係的建立有一定的影響。

在調解過程中讓孩子盡情地表達自己在糾紛中的觀點；鼓勵他們討論各自在糾紛中想要達到的目的和面對本次糾紛的感受；讓他們互相討論如何解決現在出現的矛盾，並建立起處理紛爭的基本規則。我們要避免評判性、指責性語言，引導孩子從對方的角度思考問題，幫助孩子學習友善解決問題的方法。我們要避免激化問題，將孩子之間簡單的矛盾擴大。我們要始終記住自己的身分——是調解者而不是裁判。

四、定期地組織家庭會議。家庭會議不是走形式，而是一次家庭聚會，是讓全體人員在一起暢所欲言的機會。我們要做的就是準備好引導

詞，讓每個人能夠暢快地開口，哪怕是抱怨。我們要準備好調解詞，讓大家坐在一起公開地面對問題，一起尋找解決問題的方案。我們還要準備好吃的食物飲料，讓氣氛輕鬆起來。輕鬆的氛圍，放鬆的心情，才會讓大家敞開心扉。

五、鼓勵健康、正向的溝通方式。沒有什麼分歧是不能夠透過溝通來解決的。讓孩子學著去溝通（後面的章節有更詳細的介紹），示範給孩子了解如何去談判和妥協，學習如何去給予和接受，學習如何去尋找雙贏的解決方案。特別值得一提的是，能夠雙贏解決問題的思路是一種思考方式的轉變，一旦形成，就會讓孩子受益一生。

好的同胞關係可以讓孩子一生受用，他們之間可以是親密的同胞，也可以是持續一生、相互支持的夥伴。作為父母，我們能給予的同時也是最重要的就是跟每個孩子建立緊密的親密關係，讓孩子感受到我們的愛，當他們被愛包圍時，他們心中愛的種子就會生根、發芽，盡情綻放。

第三節　假想夥伴：孩子幼年的陪伴者

早上醒來，5歲的雪菜發現媽媽在吃螃蟹。

「媽媽，你可不可以不要吃螃蟹了。」雪菜說。

「為什麼？螃蟹很好吃的！」媽媽說。

「因為牠們是我朋友的朋友。」

「你朋友的朋友？」

第二章　家庭：孩子第一個社交圈

「是的，我最好的朋友柴龍，牠是太平洋上的一隻最美的巨型章魚，牠跟我說，螃蟹是牠的好朋友，讓我保護牠們。媽媽你可不可以不要吃我朋友的朋友？」

媽媽放下了手中的螃蟹，看著走了的雪菜，媽媽的心裡卻在盤算，這孩子是不是病了？那如果下次我吃魚的話，會不會也說魚是他朋友的朋友？我的天哪！

小朋友雪菜是生病了嗎？當然不是。他只是有一個想像中的章魚好朋友而已！

▇ 假想夥伴是怎麼回事 ▇

為什麼小朋友會有一個假想的朋友？簡單地說，就是因為有趣啊！

「孩子天生具有想像力，假想夥伴的存在對孩子的想像力和情感的成長、心理健康都有好處！」《與孩子的情緒對焦：做個平和的父母，教出快樂的小孩》的作者蘿拉‧馬克罕博士說，「有假想夥伴的孩子很享受假想夥伴帶給他們的快樂，所以，當孩子感覺無聊或者孤獨時，他們總會有個陪伴他們的朋友。我的女兒在三、四歲時總是說，我要去跟貝蒂（她的假想夥伴，一頭大象）去玩了。然後她可以在自己的臥室裡待上半個小時。」

正如上面描述，孩子想像出來的朋友，就叫做假想夥伴。這個假想夥伴有的是真實存在的，如家裡的小飛象絨毛玩具，孩子會把它想像成自己的朋友，然後跟它對話；有的是完全想像出來的，如前文提到的巨型章魚。這些假想的朋友長期存在於孩子的頭腦裡，有的甚至會持續到10歲以上。它們是孩子的朋友，孩子跟它們一起玩、一起說話、一起睡覺，是孩子的陪伴者，是區別於孩子獨立存在的客體。一些研究指出，

第三節　假想夥伴：孩子幼年的陪伴者

有46%～65%的孩子擁有假想夥伴，高峰年齡是3～5歲，平均在9歲左右消失。

▪ 有假想夥伴的小朋友是病了嗎 ▪

很多家長會提出這樣的疑問，認為孩子跟想像的事物說話、玩耍，甚至有時候，在家長詢問時，孩子描述得有聲有色。

「媽媽，你等一下，我要先跟粉紅羅賓說一下才能出門，她還在等我。」

「我不吃了，我剛才跟羅斯一起在院子裡吃過了。」（羅斯是一隻灰色的玩具兔。）

是不是孩子出現了精神問題？或者他們沒朋友，太孤獨了？或者是他們的社交能力有問題，不敢跟真正的孩子在一起玩？或者是出現了社交恐懼，只能窩在家裡跟一個腦子裡想出來的東西一起玩？

讓我們看看一些研究成果。

假想夥伴的研究始於現代。最初以皮亞傑為代表的心理學家普遍認為，假想夥伴並不是一種好的現象，這樣的孩子很奇怪，他們也許很聰明，但是在社交上會遇到問題。的確，在一些調查研究結果中可以證實，有假想夥伴的小朋友，他們在社交能力的評分上，所有的研究調查分數都偏低。所以，早期大多數心理學家和研究者認為，孩子是為了減緩寂寞、減緩不良的人際關係而創造了假想夥伴，這是孩子社會性發展延遲的表現。

但近年來，很多研究者提出了新的觀點，並且同樣得到了證實。他們認為，有假想夥伴的小朋友更富有想像力。例如，針對4～5歲有假

第二章　家庭：孩子第一個社交圈

想夥伴的孩子進行研究得出，有假想夥伴的孩子擁有更強的符號表徵能力和更不同尋常的想像空間。對童年期有假想夥伴和沒有假想夥伴的大學生進行對比發現，有假想夥伴的大學生更善於使用想像能力，特別是女生，在想像力上存在著更明顯的差異。

假想夥伴促進孩子語言能力的發展。這些有假想夥伴的孩子在互動過程中，逐漸將他人和自我分開，能夠增強孩子的自我意識。針對148名5歲的孩子進行的一項研究發現，有假想夥伴的孩子的語言表達更加抽象化和概括化，這表明，假想夥伴可能與真實的朋友一樣，對提高孩子的語言溝通能力有明顯的幫助。

假想夥伴促進孩子的同理心發展。假想夥伴的存在讓孩子可以在與假想夥伴溝通的過程中，逐漸了解對方的需求，並鍛鍊孩子學會滿足他人需求和願望的能力。例如，有假想夥伴的孩子在與成人互動時，會展現出更多的合作性，更願意配合成人的互動。他們在遊戲過程中有較少的侵略性，更願意去滿足同伴的期待，更傾向於適應同伴。

假想夥伴與注意力也有著一定的關係。研究認為，有假想夥伴的小朋友善於利用想像來分散自己的注意力，在耐心等待的能力上表現突出。他們更有耐心去等待，因為他們可能在等待的過程中不斷地利用想像來分散自己的注意力。

有假想夥伴的孩子更具有創造力。1990年，有研究者提出，有假想夥伴的孩子實際上在探索一種具有高創造力的遊戲形式。2005年，《創造力研究》雜誌上發表的一項研究報告明確證實，有假想夥伴的孩子更具有創造力。康乃狄克大學創造力研究者喬納森・普魯克，他致力於研究人類，特別是學生的創造力。他說：「無論他們是藝術家、創業者還是

第三節　假想夥伴：孩子幼年的陪伴者

工程師，如果我們對他們的創造力進行挖掘，我們會發現，他們的共同點是在童年時期有一個假想夥伴」。

透過對周圍孩子的觀察，我們認為有假想夥伴的孩子在與假想夥伴對話的過程中，經常扮演不同的角色，設計不同的場景，發生不同的對話和故事內容。有時，他們會將剛剛發生的現實場景，融入與假想夥伴的溝通中，透過與假想夥伴的交流，來解決他們現實生活中遇到的問題。

透過這些觀察和研究，我認為這是孩子在不斷地模擬和鍛鍊社交場景和社交技能，與他們在獨立走路之前，不斷地訓練自己蹲下、起立、彎腰、轉身等動作類似，這是他們在出現真正友誼之前，或者在真正進入社交環境之前，有目的地練習社交技能。並且，隨著他們年齡的增長，孩子是可以區分出假想夥伴和真實夥伴的，他們知道假想夥伴是虛構出來的。

那麼下一次，當孩子跑過來跟你說，她的紅毛怪喜歡吃巧克力，需要媽媽準備一下時，我們該怎樣應對呢？

一、接受孩子的假想夥伴。「孩子喜歡分享他的假想夥伴」。假想夥伴研究專家馬喬里·泰勒說，「當孩子跟我們介紹、分享他的假想夥伴時，我們應該感到高興和欣然接受，這是孩子在分享他的快樂。我們應該鼓勵孩子繼續分享，跟孩子和他的假想夥伴一起玩，同意在餐桌上和汽車裡為他的假想夥伴留出位置與零食」。

二、不過多干涉孩子的假想夥伴。我們不該過多地干涉孩子和假想夥伴之間的活動與對話，就好像我們不該過多地干涉孩子跟他們的朋友那樣。我們也不能替代孩子跟他們的假想夥伴交流、活動。我們也不該

第二章　家庭：孩子第一個社交圈

遏止或者用其他途徑，企圖終止孩子和假想夥伴的關係，這有時會給孩子帶來終身影響。這對孩子的影響程度，不亞於趕走孩子的摯友並且終身禁止他們見面。

三、跟孩子的假想夥伴做朋友。如果可能的話，我們可以跟孩子的假想夥伴做朋友。從我個人經驗中，我認為這並不是一件很容易的事情。我們需要循序漸進地跟孩子以及他們的朋友建立起關係，才能得到他們的信任，與他們的假想夥伴成為朋友。有時，可能無論我們怎樣努力也不會成功。可是這樣做的好處，是我們可以多一個幫手，來影響孩子和引導孩子，向他們傳授同理心和友誼。有時我們甚至可以形成更加有利的狀態。例如，當孩子不配合做家務時，我們可以利用他們的夥伴，一起來引導孩子加入家庭勞動中。但我們還要記得，不要過多地干涉孩子和他們的假想夥伴的關係，要保護好他們的友誼。

■ 什麼時候我們要警惕 ■

當孩子不斷地將他的不當行為歸咎於他的假想夥伴時。這時我們需要負責任地告訴孩子，無論是他還是他的假想夥伴，都需要對他或者他們的行為負責。

當孩子開始逃避真實的社交而沉浸於假想夥伴時。比起現實中的友誼，他更喜歡假想夥伴時，這可能預示著他出現了一些其他的問題，如社交焦慮、社交逃避或者在現實生活中遇到了難題，在人際交往中出現了問題。這時我們需要跟孩子一起坐下來，好好地進行溝通，了解孩子真實的內心情況。

第四節　玩中學：親子遊戲在社交中的重要角色

回想一下，當你工作了一天回到家之後，吃完晚飯，幫孩子洗完澡，距離他們上床睡覺還有一段時間，這時，一家人都在做些什麼呢？會一起看電視嗎？孩子打遊戲，你在工作？是坐在一旁發呆，順便看孩子自己玩耍？還是一起玩？一起讀書？

我並不想用心理學來道德綁架我們的家長，但是不得不說，如果我們可以花一點點時間跟孩子一起玩，那麼這對孩子和家長都是有好處的。

孩子的遊戲不同於成人的遊戲。對成人來說，我們玩遊戲更多時候是為了放鬆，減緩工作和生活的壓力，打發多餘的時間，尋求感官的刺激。對兒童來說，雖然我們同樣用「玩」這個動詞來驅動「遊戲」這個名詞，用「玩」來描述遊戲的體驗，實際上，孩子在玩遊戲的過程中，更偏向於學習。

■ 他們透過玩能學些什麼呢 ■

他們學習觀察和思考。對一個孩子來說，他們大多數的時間是在觀察。他們透過觀察成人的行為，然後模仿學習。孩子就像海綿一樣，吸收全部他們可以吸收的。在玩的時候也是，他們透過玩，不斷練習他們的觀察能力，去觀察他人怎麼玩，觀察玩的內容，觀察遊戲中參與者之間的關係。透過觀察，在玩的過程中，他們也在不斷地思考。我們在陪伴孩子的過程中可以發現，孩子並不只是一味地模仿，他們在模仿學習之後，還會透過腦袋對已經學習到的內容進行加工，然後發掘新的玩

第二章　家庭：孩子第一個社交圈

法，這個過程在幼齡孩子身上就已經開始了。

他們學習技能。這也是從嬰兒期就開始了。他們扔東西，是在了解自己和物件之間的關係；他們敲擊物品，是為了感受自己的力量，鍛鍊自己的手部；他們不斷地打開、關閉開關，是在訓練自己的手指；他們不斷地將球拿出來又丟進洞裡，是在訓練他們的手與眼的協調能力；他們當時最喜歡玩的內容，就是他們該時候最需要鍛鍊、最期待成長的部分。

他們學習人與人之間的關係。等孩子大一些之後，他們開始與更多的人產生互動。這裡包括家長，也包括同輩。大家在一起玩遊戲，就像進行一次次的化學實驗，把所有的物質（人）倒在一起（一起玩），加熱（玩遊戲），每種物質都開始發生變化（每個人都開始暴露出自己的特點和需求）。在參與遊戲的過程中，孩子本能地去感受人與人之間的關係，感受分享、爭奪、競爭、失去或者獲得。

他們學習規則、學習溝通……他們不斷地透過遊戲去發展自己的心智，在遊戲中成長。這些自然對提高孩子的社交能力和未來的人際關係都有幫助。

那麼親子遊戲呢？

親子遊戲是孩子可以選擇遊戲的一種，同時也是現代家庭教育所提倡的一種家庭模式：孩子和家長透過活動增進彼此之間的了解，促進親子關係。

「當你與孩子在一起時，你用實際行動證明孩子對你很重要。你會喜歡與他們一起度過時光，並且更加了解孩子。跟孩子互動也會培養孩子的自尊心，為以後的良好行為打下基礎。」威廉・希爾斯博士認為，「當

第四節　玩中學：親子遊戲在社交中的重要角色

我們全神貫注地跟孩子在一起時，孩子會感覺到自己的重要性；但是一旦我們一邊跟孩子在一起，一邊卻想著自己的工作或者其他事情時，孩子就會感覺到，整個互動會變得很鬆散。」

▓ 那麼我們該怎樣與孩子進行親子遊戲呢 ▓

一、心態上需要調整。我們習慣用「看」孩子來描述跟孩子的一起的時間。

「在幹什麼呢？」

「看孩子呢。」

「看」孩子這個說法無形中就將孩子置於一個被動的角色，將成人放到了主動的立場，孩子是被「看管」的對象，我們是「看護者」。我們不是與孩子共度、享受一段美好的時光，而是「看護他，管住他」。這樣的心態首先就破壞了「親子」在一起的最根本的意義──陪伴。

二、立場上需要調整。正如上文所說，我們跟孩子在一起的關係應該是引導與被引導，孩子是引導者，我們是被引導者。我們是在陪伴著孩子，做他們想做的活動。我們應該跟隨孩子的引導，與孩子平起平坐，站在平等的視角上來看待活動。另外，從事孩子感興趣的活動，會讓孩子的注意力高度集中，這點也非常重要。

三、意識上需要調整。我們總是宣傳親子活動對孩子有那麼多的益處，其實，當我們跟孩子在一起時，收穫更多的是我們。我們不僅收穫了更好的親子關係、體驗了一段快樂的時光、得到了孩子的信任和愛；而且，我們還能從孩子身上學到更多。孩子是透明的，他們像一顆顆充滿能量的小星球，不斷地散發出正向的能量。他們開心就笑，笑容是那樣的富

第二章　家庭：孩子第一個社交圈

有感染力，帶走我們一天的疲憊。他們難過時就哭，他們的哭泣激發了我們的保護欲和柔軟的內心，對我們的心靈也是一次洗禮。

「我真的很想和孩子在一起，也很喜歡和孩子在一起，可是真的跟孩子玩的時候，卻有些不知所措，不知道他們在想什麼、想玩什麼，也不知道怎麼陪伴他們。」

的確很多家長會有這樣的疑問，尤其是新手家長，面對這個說不清又聽不明白的孩子，真的有些手足無措。的確，我們需要一些小技巧來逐漸適應這個可愛的孩子。

四、做自己。這個方法總是說起來很簡單，但是做起來很難。我們每天被大量的資訊充斥著，這些資訊有時為我們提供資源，有時是對我們的一種束縛。特別是當我們面對孩子時，如果我們總是在想，我們該怎麼做？書上怎麼說的？什麼話可以跟孩子說？該怎麼跟孩子玩？這些資訊不斷在頭腦中盤旋著，反而讓我們畏首畏尾。快樂是可以感染的，緊張、壓力也是可以感染的。特別是跟孩子在一起，孩子就像一個敏感的感受器，可以很敏銳地感知周圍人的心態。所以我們不如放下一切，只用自己的本心去面對孩子。先放鬆下來，用放鬆的神經才能在玩樂中找到創意，與孩子碰撞出火花。

五、花一點時間了解自己的孩子。每個孩子都有自己的特點，看的書也好、網路上的各類資料也好，都是面向大眾的材料，放到自己孩子身上，都會有一些細微甚至是巨大的差別。我們最後還是要面對自己的孩子，那個真實的孩子。我們需要跟他面對面地坐在一起，仔細地去觀察孩子的反應，他是高興還是抗拒，他是不喜歡還是累了，所以精神不集中。就如我們學習一樣，書中給的都是理論，實踐還得靠自己不斷地

第四節　玩中學：親子遊戲在社交中的重要角色

摸索和理出結論，最終形成自己的親子攻案。

六、盡量在家裡保留一個區域，讓孩子可以自由地玩耍。這個區域就是父母和孩子一同遊戲的地方，也是孩子可以自己獨立玩樂的地方，在這個範圍內，父母不必擔心孩子會做一些不該做的事情，例如發生危險。這樣大家都可以很輕鬆地坐在一起，全神貫注地投入活動中。

七、盡量固定時間與孩子一起玩。我知道這樣很難，但這是一種很好給孩子建立依戀安全感的方式 —— 留出固定時間。讓孩子知道，每天晚上吃完飯時，一定可以賴在爸爸身邊一起玩。每天晚上睡覺前，都是固定的親子活動時間。這讓孩子感覺安全和有持續性。

八、找到自己小時候的感覺。之所以說陪伴孩子的收穫遠比給予孩子的要多，除了前面提到的那些，這一點對我自己來說都很治癒。跟孩子在一起時，如果放鬆我們的神經，盡情地投入，跟孩子在安全的環境下一起胡鬧，那種感覺真的太奇妙了，真的可以穿越時空，忘記年齡和一切世俗的紛擾，彷彿自己回到了小時候，肆意地笑、肆意地鬧。這些是孩子給予我們正能量的泉源。

九、同樣的玩具不同的玩法。這可能需要一些創造性，但是不要一提到創造性我們就說：哦，不！這對我來說太難了。其實，不要先給自己這樣的暗示，每個人都是自己的創造者。創造力是可以透過不斷的練習來提升的。特別是跟孩子在一起時，孩子本身的創造性會感染我們，我們只需放下頭腦中的那些規則、道理和不可以，給自己一段時間，我們都可以創造出新的、有趣的互動。

最後，我可以給各位家長一些有趣的活動清單，這些活動比較開放，有很大的發揮空間，很容易激發靈感，點燃我們內心的能量，譬如：

第二章　家庭：孩子第一個社交圈

1. 沙子、水遊戲；
2. 閱讀故事；
3. 編故事並一起演故事；
4. 繪畫（並不是要畫出什麼內容，而是一起用顏色塗鴉）；（並不是要畫出什麼內容，而是一起用顏色塗鴉）；
5. 做手工；
6. 裝扮遊戲；
7. 搭積木、樂高積木；
8. 音樂和運動（甚至一起跳舞也可以）。

第五節　志同才能道合：幫孩子敲開友誼的大門

　　總有媽媽詢問，我的孩子好內向，跟小朋友在一起時總是安安靜靜地待在那兒，上幼兒園快一學期了，他好像也沒有什麼朋友，該怎麼幫助他呢？

　　的確，孩子交不到朋友，最著急的莫過於媽媽，擔心小朋友孤獨、被排斥。小朋友交到朋友，最擔心的還是媽媽，怕孩子交到不好的朋友、霸道的朋友。那麼，我們怎麼幫助孩子，讓孩子友誼的小船安全地駛出港灣呢？這是我們這一節要共同探討的內容。

　　我們可以幫助孩子交朋友嗎？我認為答案是肯定的。我們可以用一些方式，在孩子交朋友方面發揮一些正面的作用，幫助孩子找到交朋友

第五節　志同才能道合：幫孩子敲開友誼的大門

的感覺。但是我們不能越俎代庖，掌握好分寸和使用恰當的方法，才會事半功倍。

■ 什麼時候開始關注孩子交朋友 ■

對幼兒來說，他們在 4 歲左右開始從家庭走向社會群體，他們的關注點也逐漸從照顧者身上轉移到同輩，這是孩子正式社會化的開始。對孩子來說，外面的世界很精彩，外面的世界也很陌生。在 2～3 歲這個階段，對比年長的孩子，孩子仍然喜歡留在成人身邊，並尋求身體上的親近，父母仍然是孩子的看護者和主要的玩伴，所以這個時期，是最好幫助孩子了解社會禮儀、分享、控制自我意識的階段，在不降低孩子好奇心、主動性和個人能力感知的情況下，父母可以在這個階段幫助孩子提高社交能力。

■ 幼兒為什麼交不到朋友 ■

我們在前面章節也提到了，對幼兒來說，他們的朋友並不是我們成人意義上的朋友。他們的朋友還是停留在玩伴的階段，主要是能玩在一起。一般孩子交不到朋友，或者說剛剛走入社會群體的孩子找不到玩伴，通常有以下幾個原因。

一、孩子沒有玩的環境。都說是玩伴了，那就是要玩在一起，才能互相陪伴。我們的孩子有沒有時間去玩，有沒有玩的環境？2～4 歲的孩子，還有大部分孩子是在家裡，每天跟看護者（家長）在一起，如果孩子不出門，見不到其他孩子，自然也就沒有朋友。如果孩子只是偶爾地出現在住家社區附近，那麼自然交不到固定的朋友。

第二章　家庭：孩子第一個社交圈

二、孩子缺乏交友技巧。這個是很關鍵的問題。的確，有的孩子是天生的社交「專家」，可以很自然地融入群體，很快地交到朋友，但是這只是少數。大多數的孩子，他們遇到陌生的環境會緊張，遇到陌生人不知道如何開口，他們不知道怎麼邀請其他孩子來家裡做客，不懂得如何分享。這些都是社交的基本技能，也是他們需要透過觀察、模仿、學習到的一些社交技巧。這可能也是我們家長的責任。

三、孩子缺乏交友管道。我們通常期待孩子交到「合適」的朋友，當然這個「合適」不能是家長頭腦中的合適，而應該是適合孩子的。那麼怎麼能找到「合適」的朋友？孩子對外面的世界並不了解，我們把他放在院子裡，他就在院子裡玩；我們把他送到早讀班，他就在早讀班裡結識小朋友；我們把他送到幼兒園，他就在幼兒園裡跟其他小朋友一起玩，所以，孩子的交友管道是我們建立的。如果我們想幫助孩子找到「志同道合」的朋友，那麼我們要清楚在哪裡可以找到，然後把孩子放在那個環境中。

四、家庭教養對孩子交友的影響。家庭教養方式會對孩子的社交能力產生影響嗎？答案是肯定的。

研究者將家庭教養方式圍繞接納／反應、命令／控制兩個維度，分成4種類型。

1. 專制型教養方式：家長提出很多規則，期望孩子可以嚴格遵守。用懲罰和強制性策略讓孩子順從。

2. 權威型教養方式：控制和關切相互平衡的一種教養方式。父母會提出合理要求，給予孩子要遵守的理由，接納孩子的觀點並作出合理反應，徵求孩子對家庭事務的意見，是一種合理、民主的家庭氛圍。

第五節　志同才能道合：幫孩子敲開友誼的大門

3. 放任型教養方式：提出相對較少的要求，讓孩子自由表達感受和情緒，不會密切監控孩子的行為，很少提出強硬的控制。
4. 不作為型教養方式：非常放任且較低要求的教養方式，父母會因為關注自己的事情而忽視孩子，對孩子投入極少的時間，對孩子的需求不敏感。

經過多年的研究發現，不作為型教養方式是最不成功的教養方式，這種方式下成長的孩子具有較高的攻擊性和易怒性，有的孩子還會表現出行為失調，隨著年齡增長成為自私、叛逆的青少年的可能性極大。

權威型教養的孩子在父母的關注和接納的環境下長大，這種關愛會幫助孩子學會合理的表達、理性的溝通。他們會隨著年齡的增長更具有獨立性和獨立思考能力，他們在交友上會更為成熟，這些孩子更能自制，會選擇遠離不良的同伴。

相較於權威型教養方式下長大的孩子，專制型教養方式成長下的孩子因為被父母嚴格要求，會嚴重地依賴父母，這些嚴苛的紀律會限制孩子的自主性發展，在他們成長到青少年時期，會展現在他們的自主性和自信等方面。他們可能會變得叛逆，或者缺少自主能力和缺乏自信，甚至焦慮、憂鬱，這些都不利於孩子的社交。

該怎麼做，才能幫助孩子開始自己的人際交往呢？

一、創造一個權威型教養方式的家庭。正如前面提到的，教養方式對孩子未來的為人處世有著極大的影響，那麼我們在與孩子相處時，應該盡量建立權威型教養方式。為孩子營造一個民主的家庭環境，讓孩子感受到被愛、被關注，對孩子提出要求的同時，也給予他們時間和空間去消化、理解這些要求；同時能夠接納孩子的質疑和行為上的反覆。權

第二章　家庭：孩子第一個社交圈

威型教養方式可以為孩子未來社交打下的最堅實的基礎。

二、為孩子提供一個好的交友環境。好的交友環境取決於我們自己家庭的偏好。如果我們認為孩子應該多去運動，那麼運動場所、戶外就是孩子最好的交友場地。如果我們認為孩子應該多去結交有相同愛好的同伴，那麼了解孩子的愛好，透過參加活動去認識跟他有共同愛好的孩子。譬如，孩子喜歡游泳，除了帶他學習游泳外，還可以報名參加游泳班組織的各項課餘活動；孩子喜歡畫畫，就要鼓勵孩子去參加課外寫生小組，這對孩子結識新朋友很有幫助。除此之外，圖書館、公園、住家附近的公共活動區域、社區內，這些地方都是很好且可能會幫助孩子遇到其他小朋友的場所，我們都可以在節假日，帶孩子一同前往。

三、平時做好孩子社交示範。家長是孩子社交的第一任老師，家長的言行就是孩子未來的溝通模式。這種說法可能會給家長很大的壓力，但是孩子每天都在觀察父母的一言一行。無形中，父母處理事情、與人溝通的方式，都不斷地向孩子滲透，孩子就像一塊海綿，把好的、不好的都吸收進來。但是我們無須過於擔心，每個人都有個別的行為處世的方式，每個家庭都有自己認可的價值觀念，我們只需做好自己，調整好自己的心態，認可自己的言行，放鬆並且避免焦慮，那麼孩子就會在一個輕鬆的氛圍內自然地生長。

四、多關注社交方面的引導。如果我們覺得孩子在社交方面可能存在問題或者需要提升，那麼我們可以多利用家庭時間，來著重加強孩子這方面的引導。我們可以與孩子討論一些問題，來增強他們在社交方面的認知。譬如，讓孩子思考，如何成為一個好主人，才能讓來訪的客人感到舒適？怎麼知道對方在跟你聊天後，心情是否愉快？參加戶外活動前，有沒有提前準備一些可以大家一起玩的遊戲？這些問題可以引發孩

子在社交方面的思考,幫助他們不斷完善自己的社交習慣。

五、接納自己的孩子。每個孩子都不一樣,每個孩子都有自己的特點,如果我們的孩子很內向、很害羞,也不要太過於焦慮,避免過分用力地去催促孩子交友。而且,研究顯示,個性害羞、內向的孩子彼此間可能會互相喜歡,他們會選擇彼此來做朋友。而且朋友也不見得越多越好,這一點我們在後面的章節中會詳細地講解。總之,讓孩子感覺舒服是最好的交友體驗。

我們沒有必要去讓孩子成為社交達人,成為班上最受歡迎的那個,我們只需要輕輕地推一下孩子,幫助孩子開啟友誼的大門,找到一個屬於他自己的新世界即可。

第六節　家長:請讓孩子遠離暴力溝通

「陳可欣!你又亂扔襪子了!」

「小猴子,你趕緊下來,要不等一下就摔斷你的腿!」

「你再看電視,早晚被退學!」

「跟你爸一個樣!做事永遠是有頭沒尾的!」

「你這麼做對嗎?你看看人家怎麼做的!」

「這東西能吃嗎?你吃啊?!」

「你表現得非常不好!」

「你自己要來公園的,來了你又不玩!」

第二章　家庭：孩子第一個社交圈

　　這些語句是不是很熟悉？至少在我的原生家庭裡會經常聽到。當我還沒離家時，我對上面那些話沒特別感覺。等我成年以後，離開了家，離開了那個環境，並且和一個完全不同生長環境下長大的人在一起開始生活後，我才發現，很多小時候聽習慣的語言已經內化到我的身體裡。這些字句已經形成了一種固定句型，雖然我對它們充滿了排斥，很少或者幾乎不用它們，但是它們始終在我的腦中浮現。尤其是在吵架、憤怒時，它們就會噴湧而出。

■ 語言的力量 ■

　　如果我們觀察一個正在學習語言的孩子，當他說出第一個詞「ba ba」時，他感受到了周圍人對他的關注、欣喜，甚至是歡呼、親吻，這樣的語言帶給周圍人快樂，周圍人的快樂也傳遞給他，讓他更加興奮地不斷重複著「ba ba、ba ba」，這是孩子第一次感受到語言的力量。這是語言正向力量的感受。

　　語言的力量也在影響我們的生活。我們說出來的話，是帶給周圍人是快樂的，痛苦的，還是被忽視的？美國非暴力溝通專家馬歇爾·盧森堡針對日常中的語言進行了研究，並首次提出了「非暴力溝通」的概念，他將常見的語言暴力歸納為4種類型。

　　一、道德批判：對他人的評價反映了我們的需求和價值觀，道德批判是從道德的角度對人進行評判，如果一個人的行為不符合我們的價值觀，那麼我們就會認為他是不道德的，或者是邪惡的。

　　道德批判是從「我」的角度出發，凡是跟「我」觀念不一致的，「我」都會對他不認可，甚至是抨擊、打壓、批判。「好孩子」、「壞孩子」、

第六節　家長：請讓孩子遠離暴力溝通

「馬虎」、「黏人」，這些字彙都暗含著我們自己對事物的認知，傳遞著我們的價值觀念。而對孩子的成長來說，長期接受道德批判，會讓他們不斷地否定自己，不斷地接受負面的壓力，限制他們自我和自我價值的自由成長，而且他們很快也會學會這種溝通方式，展現在他們與朋友的溝通中。

當孩子面對朋友時，不時地評價別人、指責或者抱怨，如此會給朋友形成一種盛氣凌人的壓迫感，時間久了，總是被指責的朋友要麼選擇遠離孩子，要麼心中承受壓力，當壓力累積到一定程度，很有可能導致朋友關係破裂。

二、進行比較：比較也是批判的一種方式，是將人與人進行比較，這個更為常見。最常見的例子，就是「別人家孩子」、「你看人家孩子」……這是我們還是孩子時最反感的一句話。可是當媽媽的往往認為，我說的是實情啊，你就是不如別人家孩子學習好、懂事啊，怎麼還不讓說啊？

媽媽的目的是想透過比較來激發孩子調整改善的動力，讓孩子能夠找到榜樣，來改正孩子的缺點、彌補孩子的不足。殊不知，這對孩子是一種長期的自我否定和不認同，也是在不斷地傳遞一種價值取向：眼睛向外看，忽略自身優勢，否定自己，忽略自身感受和價值，形成討好型人格、低自尊、自卑等性格特點。

這種批判的方式更是人際關係中的絆腳石，當我們對朋友傳遞出一種比較的心態時，這也是在傳遞我們對對方的不信任、不滿意、不在乎。特別是在親密關係中，這種比較型語言暴力極具破壞性甚至是摧毀性的傷害。

第二章　家庭：孩子第一個社交圈

三、迴避責任：迴避責任最常見的句型是「為了你！」、「就是因為有了你！我才不得不……」、「我不想休息啊！還不是因為得看著你！」、「我哪有空啊！這不都在照顧你了！」當我們面對問題時，有內在因素和外在因素，而迴避責任就是將一切問題都指向外界。

我們可以找到千萬個「理由」把原因歸於外在，甚至大多數的時候，我們自己都沒有意識到這不是問題的根本，進而就信以為真，給自己一個不去面對問題的發生理由。

這種迴避責任，是對自我的迷失，是對權威的盲從，是對真實感受的逃避。這類人很多是因為膽小、害怕和恐懼而不敢面對，更對映出自己內心的不自信。他們不僅僅是在迴避責任，更多的是在迴避真實的自己。

如果在家庭中，他們會不斷地將壓力轉移，把本該自己承擔的責任，推卸到孩子身上 —— 因為你，我才跟你爸過到現在！傷害家庭成員的感情 —— 我恨透了做家事，還不是因為你 —— 不停地抱怨，將心中的怨氣傳遞給家庭中的每一個人，阻礙愛的溝通。這種迴避責任式的溝通，也在不斷地傳遞給孩子這樣的訊號 —— 原來這些都不是我需要承擔的，這也是人際交往中的大忌。

四、強人所難：對他人的要求暗含威脅。「如果你不答應我，我就死給你看」。這是一個非常典型的、極端的、強人所難的句式，是直接的脅迫，而有時，這種脅迫是先抑後揚的。他們先以請求的姿態提出要求，在得不到滿意的答覆時，威脅馬上跟著出來。

「我這麼做都是為你好。」

「我是因為愛你，關心你的行蹤，才不停地給你打電話。」

第六節　家長：請讓孩子遠離暴力溝通

「你以為我願意管你啊，還不是因為你是我女兒！」

這類家長多數是控制型人格，他們用「愛」的名義，過分地干涉孩子的成長，他們期待孩子按照自己想像的方式活動、說話、學習，長成自己想像的樣子，過上自己認為適合孩子的生活，最終的目的是渴望達到或者完成自己的心願。而這一切的初心，他們都認為是「為你好」。

這類人大多數內在能量很強大，他們是公認的好媽媽、好老師、好父親、好主管、理想伴侶，他們讓人感覺總是從對方的角度考慮問題，他們提出來的意見也是非常具有建設性的，他們還表示會尊重孩子或者伴侶的意見，他們會伸出援助之手，在對方的成長道路上推上一把。

在這種操控下成長的孩子，會有很長的一段時間依賴父母的安排，他們可能會在父母的安排下走得很遠、很順利、很成功。他們甚至很早就進入家庭，選擇「理想」的伴侶，開始搭建自己的家庭。然而當他們真正開始自我覺醒時，他們會發現，自己所擁有的並不是自己想要的。反抗意識強的孩子，甚至會義無反顧地推翻一切。還有一部分，他們可能一直都將父母的價值觀當成自己的價值觀，把父母的意願當成自己的意願，一直為了完成父母的意願而努力。當有一天，父母老去，不再能掌控自己時，他們陷入了迷茫。

印度哲學家克里希那穆提曾說：「不帶評論的觀察是人類智力的最高形式。」但是對大多數人來說，只觀察、不評判，真的很難。上面提到溝通中的暴力，我們或多或少都會存在。我們每個人在成長過程中都不斷地形成自我意識和自我價值，我們對待事物的看法逐漸與其他人分裂開來，形成了萬千世界中不同的那個，我們的孩子也是如此。

當孩子從母體中分離出來，他開始觀察周圍這個新的環境，吸收其

第二章　家庭：孩子第一個社交圈

中的一切，不斷地內化、碰撞形成完整的自己──獨一無二的自己。而大人卻還停留在，甚至有的家長會一直停留在「他是個小孩，他什麼都不懂」的狀態。這就是對孩子最常見的一個評判。因為他「什麼都不懂」，他在做事情時，我們就會不斷地在旁邊指點，總想讓他用我們認為最「好」的辦法去解決問題；因為他「什麼都不懂」，我們就可以隨便否定他的要求，自認那對他沒有好處；因為他「什麼都不懂」，我們總要去把我們的觀點強塞給他，甚至把我們未達成的人生願望轉嫁給孩子。這都是語言的暴力，都在打著「愛」的名義，但是卻在剝奪孩子的自信、自立、自我，在阻撓孩子成為他自己。

■ 我們怎樣可以改變自己已經習慣的暴力溝通模式 ■

首先，我們需要看見自己。我們要看見自己的需求、期待，體會自己的感受，我們只有看見自己，才能了解自己，進而不斷地練習表達自己的感受。

盧森堡博士也給了我們4個步驟來完成暴力溝通到非暴力溝通的轉化：觀察事實→表達感受→講出需求→提出請求。

例如：「你怎麼總是看電視？你不考試了？你這樣能考上大學嗎？趕緊給我唸書去！」

可以改為：「這週你看了3次電視，比我們商量好的次數要多（觀察事實）。我很擔心你（表達感受），是因為快考試了，壓力太大嗎？媽媽希望你能夠找到自己原來的狀態（講出需求），你一定可以的！」

人們總是將自己的需求和感受掩飾起來，用反問、疑問和批評指責的方式來傳遞自己的需求。這樣的結果往往是兩敗俱傷：對方沒有辦法

| 第七節　孩子對不起，媽媽也「認生」

理解自己，我們一方面繼續指責別人的冷漠、無情；另一方面暗暗療傷自己的內心。而對方往往是自己最在乎的人，他們一方面看到我們的憤怒和無助；另一方面渴望關心我們、幫助我們，而我們卻把他們拒之門外。就像刺蝟，包起自己柔軟的部分，用刺來保護自己，卻傷到他人，讓人無法靠近。

如果我們可以看見自己、認可自己，相信自己值得被愛、值得被關注，然後鼓起勇氣，敞開自己，將自己的需求、感受傳遞給對方，哪怕是你認為「他還小」的孩子，這都是一次良性溝通的開始，值得我們去嘗試。

▌第七節　孩子對不起，媽媽也「認生」

孩子上幼兒園好幾天了，我們卻久久地不願意走上前去，跟老師好好「溝通一下感情」。

孩子班上開家長會，別的家長都在分享育兒心得時，我們總是「默默」坐在角落裡，用手機掩飾尷尬的那個。

在單位，想到要給客戶打電話，從早上惦記到晚上，電話還是遲遲沒有撥出。

明明跟同事回家路徑同一方向，為了躲開，刻意繞行。

終於約好了週末見面，出門前還是找藉口推掉了。

這就是「認生」的狀態；一種見到不熟悉的人會感到有些尷尬，甚至害怕，不知道該如何應對陌生人和陌生的環境，在陌生的環境中無法

第二章　家庭：孩子第一個社交圈

發揮正常的水準。「認生」的感受並不罕見，甚至有研究成果統計，全球有60%的人存在「認生」情緒，美國有10%～15%的人患有「社交恐懼症」，有超過50%的大學生認為自己是「經常發生『認生』」的情況。日本精神科醫師、認知行為治療專家清水榮司在他的書中指出，僅日本，就有將近1億人有「認生」的狀態。

有的人「認生」情緒是短暫的，他們在特定的情景下，會出現「緊張、害羞、不知道該怎麼做」的情況，比如，在新奇的、窘迫的、有壓力的（被臨時安排上臺表演節目、講話）情景下。有的人是持續性的「認生」，長期不願意和陌生人，甚至是不願意跟人交往，或者說盡量迴避跟人交往。研究者發現，不存在「認生」感受的成人很少，無論在任何一個國家或地區。

■ 什麼樣性格的人會「認生」 ■

心理學家艾森克提出了5因素模型，這也是近年來被廣泛認同對人的性格描述。

一、外傾性：健談的、精力充沛的、果斷的、安靜的、有保留的、害羞的。

二、宜人性：有同情心的、善良的、親切的、冷淡的、好爭吵的、殘酷的。

三、盡責性：有組織的、負責的、謹慎的、馬虎的、輕率的、不負責任的。

四、情緒穩定性：穩定的、冷靜的、滿足的、焦慮的、不穩定的、喜怒無常的。

第七節　孩子對不起，媽媽也「認生」

五、開放性：有創造性的、聰明的、開放的、簡單的、膚淺的、不聰明的。

該模型認為每個人的性格都是由這5種因素組合而成的，每個維度都是兩級，與維度名稱相似是較高的一級，相反是較低的一級。

與「認生」相關的維度分別是外傾性和情緒穩定性。這兩個維度又會生成4種性格類型的人：外向敏感、內向敏感、外向不敏感和內向不敏感。這4種人中，內向敏感型和內向不敏感型就可能是我們關注的「認生」的人。

■「認生」會遺傳嗎 ■

我們常聽到這樣的話：「你跟你爸一個樣！不愛說話！」，「你像外婆一樣急躁又固執」。但是，如果我們有兄弟姐妹，就會發現兄弟姐妹之間的性格並不相同。我們的基因決定我們的身體特徵，如身高、眼睛的顏色、皮膚、體型。有研究認為，基因也會影響某些人格特質，如認生。而也有研究者指出，我們「認生」並非完全取決於基因。

美國精神科醫生、遺傳學學者克洛寧格教授倡導氣質與性格相互作用的觀點，即人的個性是由氣質和性格相互作用之後的結果。他指出，氣質是先天形成的性質，性格是後天形成的，非遺傳而來的性質。氣質難以改變，但是性格是可以發生變化的，它是可以成長的。

有證據表明，有15%～20%的孩子出生就帶有抑制型氣質，這些與生俱來的生物學特性，可能會讓這些孩子在未來面對陌生人時，出現「認生」的反應。但是更多的研究者認同克洛寧格的觀點。他們認為人們面對可能出現「認生」反應的情況時，他們如何處理這次情況會影響他們

第二章　家庭：孩子第一個社交圈

類似情況的未來反應。例如，如果「認生」的人一點一點地接觸新人群、新事物，慢慢地，他就會感覺更自在也更有自信，但是如果他們沒做好準備，再次經歷不好的體驗，或者陷入困境，這就會使他們縮回到殼裡，更加「認生」。

所以，無論我們是否「認生」、無論我們的孩子是否遺傳了「認生」，這都是可以透過後天的鍛鍊逐漸改變的。

■ 孩子會「認生」嗎 ■

答案是肯定的。嬰兒期和幼兒期的「認生」被認為是一種天然的自我防禦，是非常正常的。

當幼兒期的孩子黏著父母、在外面看見陌生人會哭，不跟陌生人講話、互動，而是把自己隱藏起來，甚至跑開或者閉上眼睛⋯⋯這些都是孩子「認生」的反應。

學齡前的孩子不喜歡跟他們不熟悉的人講話、喜歡藏在父母身後、不願意加入遊戲中；上學後的孩子在課堂上不喜歡回答問題，或者出現交友困難、在同學面前不敢講話，等等。

嬰兒期的「認生」：當孩子跟父母產生依戀的同時，「認生」也就開始發生了。這是孩子成長的一個新的特徵，是孩子社會化發展的一種表現，我們也稱之為分離焦慮。一般從出生 5～6 個月開始，8～9 個月很明顯，12 個月到達高峰，持續到滿 18 個月大或者更久。

幼兒期的「認生」：幼兒期的孩子可以記住一些熟悉的人的臉龐，這讓他們可以區分熟人和陌生人。他們也開始逐漸接觸陌生的環境、認識同伴，這時他們的「認生」情況會慢慢好轉。

第七節　孩子對不起，媽媽也「認生」

有些孩子生來就比較「認生」，他們遇到陌生人會非常「害羞」，他們比較「慢熱」，他們很難和人展開交往，但是一旦他們開始交往朋友，交往就會維持得很好。有的孩子隨著年齡的增長，在上學期間就逐漸地不再「認生」了，有一些孩子則會一直「認生」。

為什麼孩子會「認生」

正如我們之前提到，孩子「認生」的一部分原因來自遺傳，或者說是所謂的天性，生而「認生」。這些孩子從一生下來，對不熟悉的人與環境就會有不同尋常的謹慎和緘默。注意，我這裡強調的是「不同尋常」的謹慎和緘默，大多數的孩子都會對陌生人保持謹慎，特別是對男性保持警惕。

而另一部分孩子，則是來自教養。如果孩子在幼年，在與同伴互動時，或者在初步入社交環境時，經歷了不好的甚至是挫折的體驗，這會讓孩子對社交產生恐懼，這種恐懼有時會延續到成年。同樣的，家庭教養方式過於強調外在的美麗和活動中取得成功才會被人喜愛，過分地強調結果的重要性，會讓孩子產生很大的壓力，所以會出現逃避的念頭。

「認生」的孩子怎麼辦

對小朋友來說，大多數孩子的「認生」行為，會隨著年齡的增長、家長在教養過程中的鼓勵，也跟著他們逐漸在社交中一步步地獲得他人的認可，逐漸地變好，直至消失。

「認生」的孩子，究其心理層面的原因，大多是在社交方面缺少自信的。而自信是建立在每一次小的成功和小的突破上的，所以，我們要讓

第二章　家庭：孩子第一個社交圈

他們不斷地獲得社交上的成功，進而提高他們的自信，讓他們不再為與「陌生人」的見面而擔憂。

我們可以不斷地鼓勵孩子走出家門，讓他們多去接觸人群，多去參加活動，並且在孩子參加活動前，幫助孩子做好準備。我們準備得越好，孩子的焦慮就越少。譬如，在孩子參加同學生日宴會之前，我們可以幫助孩子在家裡演練生日宴上的「見面」活動，與他們一起去設想一些見面的場景，這會讓孩子在走出家門時感覺更加自信。

給孩子時間，讓孩子多談談自己的感受，我們無須評論和提供任何建議，只需做一個耐心的聆聽者。同時與他們分享，媽媽／爸爸也「認生」，媽媽／爸爸「認生」時的一些感受，告訴他們「認生」是一種常態，分享自己克服「認生」的小技巧。

讓孩子多做運動，運動也會增強孩子的自信和膽量。

幫助孩子消除腦中的一些負面的假設和自我懷疑，如「那個孩子是不是不喜歡我」，幫助孩子減少自己腦中的負面評價，多給孩子一些正向的鼓勵。譬如，上次我看你和小逸玩得很開心啊！不斷地鼓勵他，他做得很棒！

避免負面的評價，避免強迫孩子，避免將自己的孩子和其他孩子做比較。

有時，我們的孩子可能只是內向，並不代表他們沒有朋友或者不會社交，我們無須過分關注他們「認生」的行為，在後續的章節中我會詳細地講解。

> 第七節　孩子對不起，媽媽也「認生」

■ 當孩子出現一些特殊「認生」情況時，我們需要格外的關注 ■

1. 當他拒絕出門時。
2. 當一跟他提到學校或者外出活動就可以明顯地感到他的焦慮時。
3. 當他說感覺孤獨，有一種被夥伴排斥的感受時。
4. 當孩子的導師找上門，說孩子在班級裡不愛回答問題時。

這說明孩子有可能已經從「認生」發展到「焦慮」階段了，這時，我們需要關注他的「認生」的行為，並且適時為他尋找原因和適時介入協助了。

■ 還有一種隱憂 ■

隨著孩子越來越早地使用手機和平板電腦，網路也越來越便利，孩子完全可以不用真的與人見面，就可以獲得社交滿足感。他們完全不需要面對面的接觸，只要有網路，一切都可以透過網路實現。

如今，孩子從上課、作業、課後活動到社交活動全部可以在網路上實現。的確，透過網路，孩子可以完成甚至是出色地完成學習任務，同時網路還滿足了孩子的娛樂需求、社交需求、情感需求等，但這卻讓我們感受到一些前所未有的擔憂。

未來的孩子還會面對面地接觸嗎？他們還會有人與人之間正常溝通和交往的能力嗎？還是我們現在這種需要見面的交往方式已經過時了，在不久的將來就會被淘汰了？一切未知！

第二章　家庭：孩子第一個社交圈

第三章
學校：叢林裡的生存法則

第三章　學校：叢林裡的生存法則

第一節　幼兒園：叢林生活的初體驗（上）

孩子可以去幼兒園了嗎？他們準備好了嗎？怎麼讓孩子可以順利地從家裡過渡到幼兒園裡？如何讓他們能夠在幼兒園裡獲得快樂、幸福的體驗？他們可以找到自己的朋友嗎？他們可以適應這個社交群體嗎？

當孩子到了三四歲時，家長都在慎重地考慮是否送孩子去幼兒園、送孩子去怎樣的幼兒園的問題。家長也非常擔心孩子進入幼兒園之後的情況，擔心孩子能否適應幼兒園的團體生活。

對孩子來說，他們第一次離開家裡、離開親密的照顧者，進入一個新的環境，多多少少都會有一些不適應，這對他們來說是一個極大的挑戰。

■ 初入幼兒園孩子面臨哪些挑戰 ■

一、分離焦慮。孩子在幼兒園裡需要獨自跟一些完全陌生的同學、老師待上 4～8 個小時，見不到自己熟悉的媽媽或者照顧者，孩子會出現焦慮的情況。哭泣、鬧情緒、緊貼媽媽不離開、拒絕去幼兒園、故意不起床、不吃早飯、拖拖拉拉，甚至生病都有可能發生。

二、找不到玩伴。孩子從出生到幼兒園之前，基本上都是待在家裡，有父母或者陪伴者陪伴。家長以孩子為中心的陪伴，隨時滿足孩子的需求。然而到了幼兒園，單一孩子不再是幼兒園的中心，他們與同伴是同一個平面內的直線，大家可以平行（各玩各的），可以相交（一起玩）。對幼兒來說，從獨自玩到並行玩，逐漸發展到一起玩，和群體玩，每個階段都是一次成長，都需要孩子的社交能力不斷地提高。

第一節　幼兒園：叢林生活的初體驗（上）

三、自我控制。幼兒園是一個團體，也是一個社交圈，對孩子來說，孩子將面臨很多新的規矩。吃飯、睡覺、遊戲……他們不再是隨心所欲地按著自己的節奏打發每一天的時光，他們需要跟隨著這個團體，適應這個團體，遵守這個團體的規則。這對他們的自制力是一個極大的挑戰。

四、社交挑戰。無論在上幼兒園前是社交小達人，還是害羞孩子，在幼兒園都面臨著同樣的，新的開始和新的挑戰。他們除了尋找夥伴和朋友，他們還會出現劃分地盤、衝突、攻擊、搶奪等一系列矛盾。這時孩子還需要面對如何處理紛爭、如何保護自己、如何和解等一系列社交問題。

我們的孩子準備好了嗎？

周圍時常有家長詢問：孩子每次被送去幼兒園的路上都一直哭，接回家時，孩子眼睛都哭腫了，我是不是不要送他去了？

還有的家長抱怨：孩子只要一去幼兒園就生病，一生病就要接回家裡，等病養好了，孩子又要重新適應幼兒園，一送去搞不好又病了。我交一年的幼兒園費用，孩子大多數時間都在家裡養病，這幼兒園去得不值得。

決定是否送孩子去幼兒園對家長來說是一項艱難的抉擇。這個決定取決於父母，因為父母是最了解孩子的人，這對父母也是一次考驗，父母常常擔心所做的決定是不是正確的，會不會耽誤孩子的發展，或者過早地將孩子推向了社會。我這裡可以給父母一些參考。

年齡不是必要因素。當我們討論孩子是否具備上幼兒園的條件時，如果只考慮年齡是不恰當的。特別是現在，很多私立幼兒園，入園條件

第三章　學校：叢林裡的生存法則

相對寬鬆，家長不必再受限於孩子的年齡，我們更需要關注孩子的心理發育情況，再決定是否送孩子去幼兒園。

智力發展的程度也不是必要因素。中國大陸有的幼兒園會透過一些測試來評估孩子的能力，再確定是否接收孩子，以及將孩子分到哪個等級的班級。他們大多數只會針對孩子的智力發展、知識能力、生活技能進行考查；譬如，孩子是否知道拼音、是否識字、是否認識數字、是否可以區分顏色、形狀等基礎學能，能否自己吃飯、穿衣服、使用筆寫字、是否會騎腳踏車等身體發育和生活技能。

上述這些的確是評估孩子生理發育、智力發育的指標，而且評估方法都是客觀的、簡單易行的。但是從心理學和教育學角度，我會更重視孩子的心理發育程度是否達到入園的程度。小朋友只有在心理上具備接納幼兒園的能力，在心理上可以融入幼兒園、融入團體中，他們才會在幼兒園這個團體中健康地成長、學習、交朋友。

我們可以思考以下的問題，來判斷孩子是否具備去幼兒園的能力。

1. 您的孩子自信嗎？他在幾個人的團隊中感覺舒服嗎？
2. 您的孩子可以承受分離嗎？可以承受多久的分離呢？是1個小時，半天？還是一整天都沒問題？
3. 您的孩子可以應對他的情緒和衝動嗎？
4. 您的孩子在公共場所（如圖書館、劇院、活動中心）能夠遵守公共場所的規定嗎？
5. 您的孩子在一對一的遊戲中表現得怎麼樣？
6. 您的孩子有朋友嗎？

> 第一節 幼兒園：叢林生活的初體驗（上）

7. 您的孩子可以明確地將他的需求告訴成人嗎？
8. 您的孩子的分享行為怎麼樣？
9. 您的孩子可以承受任務的挑戰嗎？甚至是他不喜歡或者不擅長的？
10. 您的孩子是否對學習新事物好奇和感興趣？

■ 如何幫助我們的孩子更好地為幼兒園生活做準備 ■

研究顯示，晚入學的孩子，在前兩年，他們的學習技能並不會出現明顯的差異，所以我們不必擔心晚送孩子去幼兒園會影響孩子未來的學業，我們可以給孩子更多的時間去準備。

一、我們要保證孩子健康。孩子從家庭到團體，他們會面臨很多與小朋友親密接觸的機會，難免在流感盛行的季節被傳染。良好的身體健康對孩子來說是天然的防禦，也是孩子未來學習的保障。確保孩子規律的睡眠和健康飲食，以及足夠的體能鍛鍊，並按時接種疫苗。

二、我們要追蹤孩子的身體發展。我們要隨時了解孩子的身體發育情況，保證孩子的發育處於正常的程度，同時我們要了解孩子運動能力的發展情況、語言能力和社會能力的情況是否符合標準，如果低於平均標準，我們要及時地協助，這樣才可以保障孩子到了學齡期可以順利入園。

三、鼓勵孩子在家裡練習大聲地朗讀。大聲地朗讀不僅僅是促進孩子識字能力的發育，它更可以幫助孩子發展這些能力：鍛鍊孩子的自信心，促進孩子情感能力的發育，增強孩子對文字的理解能力，增加孩子的詞彙量，促進孩子社交能力的提升，學習數字、形狀和顏色，鼓勵孩子，讓孩子聽到自己的聲音 —— 自我意識。

四、組織親子遊戲。能夠陪伴孩子一起做遊戲，對孩子的身體、心理上的成長至關重要。遊戲也是促進孩子社交能力、情感能力發展最有力的方法。遊戲可以改善身體健康、培養孩子的創造力和想像力，發展孩子的友誼、社交技能和情感技能，學習分享和解決問題的能力，培養孩子的韌性和承受挑戰，增加孩子的學習動力。

五、帶領孩子走出家門。在孩子進入幼兒園之前，還有很多公共場所可以幫助孩子適應幼兒園的社交圈。譬如，參加一些啟蒙課程（如幼兒繪畫、幼兒手工課等）、參觀博物館、動物園、城市公園、圖書館或者書店、各式各樣的幼兒活動等等。在這些場合，可以幫助孩子了解團體與個人的關係，讓孩子了解制度、規則，讓孩子嘗試著與其他孩子共同玩耍、分享、遊戲，激發孩子對大千世界的好奇心，進而激發他們的學習動力，讓孩子從多個角度認知他們所在的社會，這對孩子社會性的發展非常重要。

六、準備第一天。第一天的感受對孩子非常重要。我們需要提前幾週著手準備。我們最好可以帶孩子提前前往幼兒園，讓孩子對幼兒園有一個初步的了解。我們需要提前將孩子的作息時間調整到與幼兒園時間同步，按著幼兒園的時間讓孩子起床、吃飯、睡午覺。跟孩子討論幼兒園，並聽聽孩子對幼兒園的一切擔憂。選擇一些繪本和書籍，來幫助孩子了解未來的團體生活可能會發生些什麼以及如何應對。

七、相信孩子。最後，我們要相信我們的孩子，他們可能需要一些時間來適應，他們可能會出現哭泣、生病、逃避，但這都是他們成長的一部分，痛並快樂著。

第二節　幼兒園：叢林生活的初體驗（下）

第二節　幼兒園：叢林生活的初體驗（下）

「三貝認識字了嗎？我們家小宇認識的字還不到 10 個，這樣在幼兒園能跟上嗎？」

「三貝認識幾十個字了，但是她數數字的進展特別慢，我比較擔心她的數學，小宇會數數了嗎？」

「他可以數到 100 了！我想送他去補習語文，我擔心他語文基礎不夠好。」

「這也太早了吧，他才 4 歲！」

當孩子順利進入幼兒園後，家長又開始為孩子的「學業」擔憂，除了幼兒園的園內學習內容以外，家長還會給孩子挑選才藝班，例如英語班、數學班、口才班……忙得不亦樂乎。

在《不再錯愛孩子》一書中，作者大衛・艾爾金提出，孩子的教育被我們推動得越來越早，甚至已經有閱讀專案是針對 6～9 歲的兒童，讓他們做好文字技能的準備。在幼兒園中，許多孩子每天要用 4～8 小時來完成課業學習。這讓孩子沒有時間來根據自己的意願玩耍和社會化，我們把孩子變得複雜了。

第一節我們提到，孩子來到幼兒園，首先要調整好自己，做好心理準備，盡快地適應幼兒園的團體生活，在這個新的社交圈中找到一席之地，這樣才能順利地開始他的社會化發展。所以，我們認為，幼兒園的首要功能是幫助孩子順利地度過這段從家庭到幼兒園這個小社會的社會化轉變，幫助孩子學習，適應幼兒園這個有規則、有制度的團體生活，

第三章　學校：叢林裡的生存法則

滿足孩子在這個年齡階段的同輩社交需求，讓孩子體驗同輩之間的社交關係，逐漸開始建構自己的社交圈。

■ 幼兒園的孩子會面對哪些社交問題 ■

如何與其他小朋友一起玩。玩是孩子幼年期最重要的一項活動，孩子透過玩來學習（沒錯，孩子就是透過玩來學習的，他們在玩中自主觀察、發現學習，這對兒童的發展非常有益），透過玩來社交，了解人與人之間的關係，了解團體規則，了解界限與分享……玩的益處太多了。

對幼兒期的孩子來說，玩是一個充滿能量的互動，他們需要在這個活動中不斷地與人互動，來滿足他們的社交需求。他們在玩中學會討價還價、解決問題、輪流與分享、共同實踐……幼兒園就是這樣一個為孩子提供場景，讓孩子透過玩來學習這些社交技能的場所。雖然舞蹈課、足球訓練等活動也可以讓孩子相聚在一起，用競技的方式感受同伴之間的互動關係，但是孩子需要大量的時間參與一些非結構化的同伴玩耍，在這樣的互動中，孩子不需要成人的指導和監督，他們彼此在一起摩擦、成長。

如何解決問題。孩子在一起玩，一定會出現矛盾和爭執，甚至是打鬧。他們都想霸占園內活動場上的滑滑梯，爭奪唯一的鞦韆，無意的碰撞導致打鬧……孩子之間的矛盾總是圍繞著玩具的爭奪、身體碰撞、互相報復、主動招惹這些類型。

對孩子來說，每一次爭執都是一次成長的機會，我們盡量不要去干涉他們互相摩擦、最後達成一致，解決問題的過程，這是他們學習在團體生活的機會。我們告訴孩子「打架不好」、「不許打架」，這都是從我們

第二節　幼兒園：叢林生活的初體驗（下）

的眼光來評判孩子之間的矛盾，這對孩子是無效的，有時甚至會激怒孩子。孩子之間的解決辦法，是他們之間的默契，我們可以要求孩子描述正在發生的矛盾，問孩子面對發生的矛盾他們能做些什麼來解決，進而引發孩子去思考；但是我們不能替代和剝奪孩子解決問題的經歷，這也是幼兒園裡最有價值的人際關係的部分。

如何認知並且表達感受。能夠感知周圍情緒的孩子，也能夠更容易地和他人相處。年幼的孩子並不清楚自己的情緒，他們想哭就大哭一場，眼淚還掛在眼角，可能就因為下一件事情開始高興。他們無法調節自己忽然而至的情緒，也無法表達自己此刻的感受。

認知情緒和表達感受對於孩子的社交會有很關鍵的作用，如果他們沒有辦法做到這兩點，而是在自己煩躁時，選擇喊叫和扔東西；在自己恐懼時，選擇逃跑和躲起來；在自己憤怒時，選擇打架，這會讓他們在人際關係上遭遇巨大的困難。同時，他們的需求還是處於未被滿足的狀態，這讓他們總是處於一種心理受阻的狀態，這種受阻會慢慢演化成內心的敵意和無力感，這對孩子是百害而無一益的。

另外，對幼兒來說，能夠感受到他人的情感，對後續同理心的培養有很大的好處。在感受他人情感之前，我們需要先幫助孩子去認知他們的情緒。例如，在他們表現出一些情緒特徵時，我們可以直接告訴他們：你現在很喜悅、很難過、很激動……我們也可以透過一些故事書中描繪的衝突和情感的情節，來幫助孩子體驗這些情緒，當他們能夠認知情緒以後，慢慢地在後續的人際交往中不斷地去感受情緒、表達情緒。

如何樂於助人。在幼兒園期間，樂於助人的孩子是受歡迎的。樂於助人的行為，是一種利他行為，這需要孩子首先可以發現他人的需求，

並且有能力滿足對方的需求。

孩子並不是從一開始就可以準確地了解他人的需求，這種利他行為需要孩子有同理心的基礎。同理心是孩子體驗他人情緒的能力，這是人類的一種天然的反應。譬如，孩子看到他人悲傷和難過時，自己也會有相似的反應和感受。但並不是所有孩子在感受到他人需要幫助的情況下，都會有利他行為的出現，這需要父母做一些努力。

當孩子出現利他行為時，我們需要及時地給予肯定，鼓勵他們堅持下去。最初，孩子的利他行為是發生在家裡的。他們可能自己主動提出扔自己的紙尿褲，幫忙丟垃圾，為家裡的弟弟妹妹準備新的尿布，幫他們換衣服。這時候，我們需要給孩子這樣的機會，讓他們去做，並且表達感謝，將樂於助人，值得稱讚的邏輯理念灌輸到孩子的腦中。這些行為基礎，將有助於孩子在參加幼兒園之後對其他同伴主動提供幫助。

如何控制衝動。衝動是大腦前額葉皮層控制執行功能的一部分，這個區域在幼年還沒有發育成熟，需要到成年初期才會發育完全。但幼兒期是發展得最快速的時期，所以，幼兒期是鍛鍊孩子控制衝動的最關鍵時期，也是最重要的時期。

控制衝動，並不是要訓練孩子延緩滿足，或者透過讓孩子練習快速轉換心情來學習控制情緒的遊戲。控制衝動並不是刻意地去抑制孩子的需求、拒絕孩子的渴望、壓抑孩子的情緒，這是錯誤的，是不值得提倡的。控制衝動，是讓孩子在知道規則的前提下，合理地達成目標，而不是跟隨自己的情緒隨意行事。控制衝動的前提是有目標和規則，而不是壓抑需求和抑制情緒。

控制衝動也是幼兒人際交往的必修課。孩子需要在團體中，為了一

個整體的行動計劃而執行自己的行為,而不是僅僅跟隨著自己的衝動行事。這需要孩子不斷地學習和訓練才可以達到。孩子需要不斷地練習抵制自己內部(本能的衝動)和外部的誘惑。譬如,已經分好組的小朋友將準備在一起做活動,當孩子聽到其他組玩遊戲的歡笑聲時,他們需要控制住自己想跑出去參與其他團隊的衝動。

控制衝動還包括孩子需要學習遵守團體的規則和制度,有時候制度會和他們的原始衝動產生矛盾。譬如,團體吃飯時,孩子想跑出去玩;團體外出活動時,孩子想吃飯,或者天冷時拒絕穿衣服。這些都是需要孩子在加入團體後不斷練習,才能夠越做越好。

對孩子來說,幼兒園是一個新奇的地方,他們在這裡可以遇到跟他們一樣的同伴,一起去不斷地嘗試他們內心的好奇,一起去學習、玩耍、參加有趣的活動,甚至是一起冒險。幼兒園又是一個充滿挑戰的地方,孩子需要學著去溝通、表達、社交、解決矛盾、控制自我,而這些幼兒園時期的社交和情感的發展,對孩子來說是至關重要的,這段時間孩子對團體生活的體驗、對人與人之間如何交往形成的模式,對孩子的影響可能會持續一生。

第三節　校園裡的社交潛規則

「我沒有太多朋友,大多數時間都是自己一個人。我的朋友都是其他班級的,但是他們也有自己班級的朋友。我最好的朋友跟我差不多,我們喜歡一起看書,一起憂傷,所以每次見面之後,我都感覺更憂傷了。」

第三章　學校：叢林裡的生存法則

「我和小玲是同學，我們一起上學、放學，一起吃飯，但是我總覺得不了解她，我把她當成最好的朋友，但是她似乎還有更好的朋友，這讓我很沮喪。」

隨著孩子年齡的增長，社交帶給孩子的快樂越來越多，而煩惱也隨之而來。心理學研究者沙利文對青少年的親密關係進行研究後提出，在青少年早期，親密關係的心理重要性大幅增加，這與親子關係不同，朋友在促進兒童和青少年的幸福感與發展方面發揮著巨大的作用。在青少年時期，青少年對親密關係的需求逐漸增強，如果他們沒有成功地形成親密的友誼，他們會體驗痛苦感和孤獨感，自我價值感會降低。

▮ 青少年時期社交的特點 ▮

青少年的社交更為穩定。對兒童來說，他們的社交範圍與青少年的社交範圍不同。兒童的社交主要集中在鄰居（占多數）、父母朋友的孩子、幼兒園的朋友（占少數），他們不像青少年的社交圈那樣正式、穩定。到了青少年時期，孩子上學後，除了幼年的朋友圈子，他們的交友範圍更廣泛了，他們會有固定的同學，他們會開始參加特定的補習班、活動小組，有固定的補習班同學，他們的朋友圈組成更為多樣化，也更為穩定。

小集團（小幫派）的出現。青少年會有小集團出現，這個小團體人數範圍大約會有 2～12 人，一般是 5～6 個人。這些孩子多數是有相同興趣、性別相同、年齡相仿的。他們可能是在班級中形成的（一般是住得比較近、上下學一起坐校車、參加同一個課後輔導班的同學），也可能是在課外補習班或才藝班結識的人。他們最初只是一起活動，在活動相處中，慢慢地發展出了友誼。在這樣的小集團中，還會有組織型態出現，

第三節　校園裡的社交潛規則

他們分享理念，一起出去玩，形成群內的認同。

小團體。幾個小集團有時也會形成小團體。小團體比小集團更大，但是更鬆散。有時候一個孩子可能會在很多小團體中出現。小團體一般是因為社交活動而聚集在一起，如聚會、比賽，有時也是因為共同的愛好聚集在一起，如搖滾樂隊、合唱團……

這些都是青少年在脫離家庭、尋找他們同一性時，幫助他們成長的社交圈。在這些社交圈裡，孩子可以充分地表達自己的價值觀，嘗試一些自己想要去轉變的新角色。在這裡，他們會找到歸屬感，他們彼此理解又彼此認同，有時愛情也會在這樣的團體中誕生。

青少年的社交更加親密。親密度是指在關係中的自我表露和隱私分享，是友誼的一個重要特徵。正如我們前面提到的，幼兒期的友誼更像是「玩伴」——孩子因為玩而在一起，他們很少會在一起談論自我表露和互相理解的問題；青少年時期的友誼才更接近「友誼」——他們一同分享，一同解決問題，互相理解，互相表露心聲，互相分享祕密。這種親密的感覺給了他們溫暖的、互相信任的感受。有研究顯示，友誼的親密度在13～16歲的青少年中比10～13歲的青少年中表現得更為突出。

青少年因為相似而成為朋友。相似也就是我們所說的「物以類聚，人以群分」的含義。這個特點在青少年的友誼中更為常見。他們大多喜歡同一個運動類型、同一個明星、同一款遊戲、同一部電視劇，這讓他們在一起有說不完的話，這種相似性帶給他們極大的快樂。但是當他們的相似度降低時，他們的友誼也可能會面臨破裂的風險。例如，他們會因為喜歡不同的偶像而彼此抨擊，甚至吵架、冷戰，他們會因為不同步——我想出去打籃球，而你總是在複習功課——而漸行漸遠，青少年的友誼就是如此簡單和脆弱。

第三章　學校：叢林裡的生存法則

■ 青少年的社交挑戰 ■

渴望社交卻又害怕。青少年時期對於社交的渴望比之前任何時期都要強，他們渴望與人交流，渴望獲得支持，渴望知道別人眼中自己的樣子，渴望用友誼來舒緩自己的壓力。然而他們卻會出現社交逃避的現象——害怕跟陌生人接觸，總是擔心別人的嘲笑，喜歡待在家裡，面對社交感覺到壓力⋯⋯

這些孩子內心深處是極度渴望與人連結的，但是他們從表面看，卻往往呈現拒人於千里之外的狀態，這些孩子大多是缺乏自信的，害怕不被接納，害怕受到傷害。他們可能曾在人際關係中遭受挫折，如被霸凌、被出賣、被嫌棄，所以他們為了不再去承受新的創傷，選擇留在「舒適區」內——拒絕與外界溝通。他們的社交需求比任何人可能都要強烈，他們渴望被愛、被尊重、被接納和被認同。

同伴壓力帶來的影響。友誼給青少年帶來快樂，也帶來壓力。這個壓力可能是正面的，也可能是負面的。他們可能會因為同伴說髒話也開始學著說髒話，因為同伴取笑老師、欺負同學而一起成為同夥。他們也可能因為同伴去圖書館學習而一同前往，因為同伴開始跑步而一起鍛鍊。對一個變化性、可塑性極大的青少年來說，因為有同伴，什麼事都可能發生。

這也從另一個角度說明，孩子是有從眾性的。這種從眾性影響著他們生活的各方面，也會給他們和父母之間帶來很大的衝突。在青少年時期到來之前，孩子是父母的追隨者，他們跟父母連結更為緊密，他們更依賴父母。但是隨著年齡的增長，伴隨著青春期的到來，他們更渴望嘗試不一樣的東西。此時，同伴對他們的影響增加，他們更喜歡跟同齡人一起冒險。他們的行為往往會與家長的價值觀相悖，如果父母此時對孩

第三節　校園裡的社交潛規則

子過於干涉，矛盾就出現了。

有研究表示，在孩子 9 年級（14～15 歲）時，父母和同伴的影響可能會遭遇強烈的衝突，這是因為，在這個年齡階段，孩子的從眾行為比其他任何一個時期都強，而這個年齡階段，也是青少年反社會行為發生的高潮。當孩子遵從同伴群體的反社會行為時，勢必遭到父母的反對。研究者也發現，這個年齡階段試圖獨立的孩子，會遭到父母更多的反對。

青少年社交的不穩定性。相較於童年，青少年友誼的穩定度更高，感情濃度也更高，但仍然處於變動中。青少年時期的主題是尋找自己的同一性，這對青少年來說，比什麼都重要。他們可能會為了尋找自己，而去嘗試做一個完全不同的自我，在這個過程中，他們的同伴關係也可能出現變動。

在這個成長過程中，還伴隨著不安全感，這種不安全感有一部分來自生活的變化——他們面臨升學的壓力；還有一部分來自內心——渴望認同，但又缺乏自我認同；還有一部分來自外界——父母和同伴的壓力。這讓他們有時會異常的焦慮和傷感，讓他們很容易受傷。他們有時會過分的敏感，會因為朋友的一個小舉動而開始懷疑友誼的親密性。他們有時會走到另一個極端，用自我保護的形式，拒絕溝通和建立親密關係，這往往讓他們陷入惡性循環中。

■ 家長能做些什麼 ■

一、營造良好的家庭氣氛。家庭是孩子的避風港，家庭也是孩子的加油站。青少年時期的孩子，雖然不再像幼兒一樣願意黏在家裡，依靠

著父母，但是他們仍希望從家庭獲得支持和溫暖，仍然渴望父母的關注和愛。在孩子需要時，父母應該多陪伴孩子，而不一定是依靠語言，語言對這個年齡的孩子來說，往往是最脆弱的回饋。多一些肢體動作，少一些干涉，多給孩子一些自由的空間，是對孩子這個時期最好的支持。

二、了解但不干涉孩子的社交圈。孩子社交的重心從家長到同伴的過渡是必然的。孩子越來越喜歡跟同伴分享，回家後的溝通越來越少，這也許會給家長帶來失落。家長帶有情緒的追問，往往會增加家庭矛盾和孩子的反感，激發孩子的反抗心理，這更會阻礙親子關係和親子溝通。但是過度的放縱孩子，任其與同伴自由發展也不是一個好的辦法。所以，我們還是要讓孩子感覺我們是跟他們一體的，在這個基礎上，多去了解孩子的情況，但是並不能越俎代庖，過分地干涉他們的友誼。

三、增加孩子的自信心。在變動期的青少年階段，孩子需要外界的回饋來增加他們對自己的認知，正面的回饋（認同、讚賞）會增加孩子的自我認可，給予孩子內心的力量，負面的回饋（批評、指責）會在孩子動盪的內心雪上加霜。幫助孩子正確地認知自己，比盲目地鼓勵和肆意地批評都更具有說服力。讓孩子學會客觀地看待問題，客觀地看到自己的優點，也客觀地面對自己的缺點，進而幫助孩子更客觀地認知自己。

四、增加孩子內心的力量。內心的力量源自於對自己的認可，這些認可可以是來自旁人的回饋，也可以是自我探索中獲得的成就感。適當的組織家庭活動可以幫助孩子。在活動中，孩子可以獲得與社會、其他群體的接觸，在碰撞中獲得正面的力量。

第四節　那些以貌取人的友誼後來都怎麼樣了

胖孩子沒朋友嗎？漂亮的女孩子招人喜歡？

你的朋友都是戴眼鏡的嗎？

你的朋友是不是都是高個子？

友誼是一種獨特的關係，它是人們社會情感領域中重要的環節和組成部分。研究者總是試圖研究友誼到底是如何開始的，什麼樣的人會走在一起成為朋友。相貌會決定友誼嗎？身材會決定我們受歡迎的程度嗎？我們從小被告知不要以貌取人，待人要一視同仁，這個對友誼來說，行得通嗎？

■ 我更喜歡像我的人 ■

有研究顯示，人更傾向於跟自己類似的人聚在一起。譬如，戴眼鏡的喜歡戴眼鏡的，性別、種族甚至頭髮長度將決定誰會坐在誰的旁邊。

這個針對人的外在形態特徵和人與人之間關係的研究一共分為4項，最終得出的結論是：個體傾向於與自己相似的人交往，相似的內容並不是我們認為的那些偏向於內在的因素——個人價值觀、態度、關係、社會圈子等。人們更可能會因為相同性別、戴眼鏡、類似顏色的頭髮、類似長度的頭髮、身體比例等原因而坐在一起，因為相似的長相會讓人們產生親切感，交談更自在，會開啟一段良好的交流，甚至帶來持久的友誼。

■ 友誼初始階段，外表發揮作用 ■

還有一些研究證明，在友誼的初始階段，人們更趨向於「用眼看」。在美國，研究人員發現，一張吸引人的臉更容易讓人感到熟悉，讓我們覺得「我們好像在哪兒見過」（即便是這件事根本沒有發生過）。就是這種熟悉的感覺可以解釋，為什麼我們會被一個有魅力的人吸引──因為跟他們在一起讓我們感覺自在和熟悉──安全感。但研究顯示，在選擇朋友時，我們會選擇跟自己吸引力程度相似的人，這與選擇長期戀人的方式相同，我們會選擇一個層次的吸引力的人作為終身伴侶。

■ 外在形象對青少年交友的影響 ■

對青少年來說，他們對自己外在形象的滿意度會影響社交。青少年在青春期時，身體會發生一系列的變化，譬如，男孩肩膀變寬、身高快速增加，女孩胯骨變寬、乳房開始發育。如果青少年對自己的身體特徵的變化（體形、體重）持正面看法，那麼他們就會有較高程度的自尊，他們更容易建立良好的同伴關係；如果青少年對自己的身體特徵的變化不滿意，如肥胖、短腿、臉上有痘……這會讓他們陷入自卑甚至憂鬱，除了影響他們的人際關係外，嚴重的還會影響他們的身體健康。

據統計，與大多數男孩對自己身體形象有正面評價不同的是，處於青春期的女孩，大多對自己的身體評價較低，只有很少數女孩會對自己的身體樣貌表示滿意。她們受到社會和文化的宣傳而過分在意自己的外表。譬如，她們總覺得自己不夠苗條。她們會有意地選擇寬大的，甚至是男性化的衣服來遮住自己的身體，但是這樣的行為更讓她們失去女孩該有的魅力，反而暴露出內心的自卑。她們也許會刻意地進行節食，但

第四節　那些以貌取人的友誼後來都怎麼樣了

是不良的飲食習慣除了對她們的身體產生不好的影響外，長期的節食和不健康的體重控制，會增加青少年罹患輕度憂鬱症和厭食症的可能性。

研究者還提出，最好的情況是增加青少年在家的用餐次數。研究顯示，青少年在家用餐往往能培養出較高的自尊，而較高的自尊又是預防對自身滿意度不足的潛在中最為重要的一個因素，也是影響人際關係的一個重要因素。所以，研究者建議，有條件的話，青少年應該花更多的時間與家人在一起吃飯。正確的用餐環境與行為會降低青少年肥胖的風險。

最令我們痛心的是，青少年對身體形象滿意度的兩個評價指標——身體外在條件（青少年認為自己具有的身體象徵）和理想的身體形象（青少年所認為的完美身體樣貌）都是主觀的，完全取決於青少年自身。而社會和文化的宣傳不斷地傳遞給青少年一些極端的魅力指數，譬如，雙眼皮，白淨無瑕的皮膚，尖下巴，大長腿……這讓青少年陷入審美誤區，讓他們極端地認為，只有具備這樣的外在，才有魅力，才配有人喜歡，才會增強他們的自信心。這會讓青少年越來越關注自己的外在，對自己的滿意度持續降低，陷入越來越不自信、越不自信就越缺乏魅力、越會影響自己人際關係的惡性循環。這不僅僅是家長的責任，也是社會、學校的責任。

■ 早熟對青少年交友的影響 ■

我們成熟得越來越早了，在 1900 年，女生初潮的平均年齡在 14～15 歲，而到了 1950 年，變成 13.5～14 歲，到現在已經降到 12 歲左右。

早熟是指女孩在 8 歲以前、男孩在 9 歲以前進入青春發育期。對男

第三章　學校：叢林裡的生存法則

孩來說，有研究表示，早熟的孩子在各類社交場合下表現得更為自信，更有可能獲得運動方面的獎勵，在學生組織的選舉中更容易勝出。而晚熟的孩子，不僅在社交方面表現較差，在學習動機方面也會更低，成績會更不理想。

對女孩來說，早熟帶給社交的影響可能更為複雜一些。一些研究發現，早熟的女孩雖然可能對自己過早發育的乳房有正面的看法，會讓她們更加自信，但也有研究顯示，她們會變得不喜歡和他人交往，受歡迎程度也會降低。她們可能會受到同伴的嘲笑，因為她們過早發育的身體。這讓她們很難在同齡人之間獲得理解和認同，所以早熟的女孩一般會找一些年齡較大的夥伴作為朋友。而這可能會帶來新的風險——過早地開始戀愛，或者染上一些惡習，因為她們的自制能力還沒有發育成熟。但是這些情況會隨著孩子進入高中，都完成了青春期身體的發育後，而逐漸好轉。

我們不得不承認，由於社會發展的快節奏，我們會越來越依靠外表去評價一個人，快速地分類：朋友、認識的人、再也不想見的人……不僅僅是社交，外貌甚至影響著我們的地位、金錢和自我認可程度。

■ 我們該如何讓孩子來面對這個用眼睛評價的世界 ■

情況並沒有那麼糟。在相處時間久了之後，研究顯示，雖然在交友初期我們會被外表吸引，但就長遠來看，我們更期待擁有良好社交技巧的朋友，因為這會讓友誼發展得更順利，讓友誼變得容易得多。良好的社交技巧不僅可以幫助孩子剛開啟的友誼維繫下去，也會讓孩子在交流中更讓人感覺到親近，更受到同輩人的歡迎。

幫助孩子建立良好的自我認知。還是回到同一性的問題，孩子需要

第四節　那些以貌取人的友誼後來都怎麼樣了

在青春期中，逐漸地形成對自己正確的認知。逐漸弄清楚自己是誰、自己想要什麼、自己對自己的期許，這對孩子的友誼更重要。良好的認知會對自己的評價更為客觀、樂觀。良好的認知會讓孩子吸引到對的人而不是最優秀的那個人，正確的認知會讓孩子找到勢均力敵的朋友，而不是去委屈自己、降低自己需求，去做友誼關係中討好的那個人。

良好的自我認知，需要家長的支持，我們對孩子的關注度和反應方式，對孩子建立起良好的自我認知非常重要。高自尊的青少年的父母一般也和藹可親，孩子願意聽取他們的意見，他們也為孩子樹立模仿的典範。相反，總是否定孩子、批評或者指責孩子，這樣的冷漠和操控模式的教養方式，對孩子的自我認知不會有任何好處。

為孩子的外表加分。在家中形成一個健康的飲食氛圍和飲食引導，對孩子的體重控制會有良好的影響。如果家庭可以多強調健康的重要性，而不是過多地注重外表，這會提升孩子對自己滿意度的評價，可以更客觀地看待自己的外表，提升孩子的自信。而與孩子一起建立健康的生活模式，譬如，每週3次的晨跑、夜跑，週末的家庭遠足，這都會對青春期的孩子有著正面的作用，幫助他們認可自己、接納自己、增加自信。

歸根結柢，要讓孩子知道，友誼是那個在一起相處時感覺舒服的人，是對自己的信念和喜歡做的事感到滿意的人。

第五節　異性之間該不該存在友誼

■ 異性之間到底存不存在友誼 ■

這是一個會引發激烈討論的問題。從家庭討論到論文題目、眼花撩亂的文藝作品，每個觀點都是那樣的有說服力，很難讓一方去說服另一方，所以這個問題至今無解。

我們的日常經驗告訴我們，我們可以和異性共存，我們一起工作、一起成為同學、一起旅遊、一起吃飯、一起打遊戲，這並不罕見。但是真的當我們看見自己的寶貝女兒，跟隔壁家臭小子混在一起時，我們心裡卻總是懸著一根弦，男孩和女孩到底會不會僅僅是朋友？

人際關係的相關專家認為，這不可能。自遠古以來，男性對捕獵感興趣，女性則待在洞穴裡哺育後代。到了現代，男性的興趣在外，他們更關注與雄性競爭相關的內容。女性的興趣在內，她們更多的時間待在家裡。所以他們沒有交集，如何成為朋友？

但社會學者馬上反駁道，現代社會男性和女性分工發生了極大的變化，男人可以在家做飯而女人可以參加自由搏擊，他們在一起工作、在一起看電視、在一起聚會，還有什麼不可能的？男女之間親密的友誼是存在的。

■ 心理學觀點 ■

首先什麼是友誼？

朋友，是同伴的一部分，他們相互為伴，互相支持，親密無間。朋

第五節　異性之間該不該存在友誼

友要比我們之前提到的小團體和小集團裡孩子之間的關係更為緊密，相互牽連得也較多。對青少年來說，親密的夥伴可能會有一個或者幾個，也會有一個都沒有的情況，這完全取決於青少年自己的感受和認知。

她是我最好的朋友，我們從小一起長大，一直在同一所學校。我們在一起有說不完的話，我們喜歡玩的東西一樣，討厭的人也都一樣，我們經常給討厭的人起外號，詛咒他們倒大楣。我們都喜歡玩「皇室戰爭」。雖然我玩得沒有她好，但是我的裝備比她全，所以在遊戲裡我們還是好朋友。除了玩遊戲，我們更喜歡看書，我們會一起買不同的書，互相交換著看，互相在書上標註最喜歡的部分。未來我們會去同一個地方讀大學，做一輩子的好朋友。

這是一個15歲女孩對自己最好朋友的描述。在她看來，友誼可以承擔以下的責任，這也是心理學界對友誼功能的描述：

一、陪伴。親密的朋友是需要花時間彼此陪伴的。他們在一起共同成長、共同分享。

二、刺激。親密的友誼是在一起玩得很好的人，能夠帶來共鳴的人。

三、物質支持。友誼可以提供幫助和支持。

四、自我支持。友誼可以讓自己感受到被認可、被關注，有助於青少年對自己保持一種有能力的、有吸引力的和有價值的印象。

五、社會比較。友誼提供了一些對照訊息，例如自己處於怎樣的地位，自己的所作所為是否得當。

六、親密／情感。青少年在與另一個個體交往之間獲得了溫暖、親密、信任的關係，這種關係包括自我表露。

如果按著這樣的描述來看,性別在友誼關係中,並不是影響因素,理論上異性和同性都可以成為朋友,甚至是親密的朋友。

■ 現實中,異性的親密友誼是艱難的 ■

社會的文化氛圍會影響異性青少年成為朋友。

在北美,社會對青少年異性之間的交往接受度更高,這為異性成為夥伴提供了可能。雖然我們沒有數據能夠論證有多少北美的異性青少年成為朋友,但是下面的數據可以說明一些問題。

據統計,隨著孩子年齡的增長,他們在異性身上花費的時間更多。兒童期的孩子大部分的休閒時光都是跟同性別孩子在一起度過的。到青少年前期的兒童,一週會花 1 小時的時間與異性交往,到了青少年時期,他們會用更多的時間與異性在一起。例如,15～17 歲時,男孩每週會花 5 個小時跟異性在一起,女孩每週會有 10 個小時和異性在一起。

在中國大陸,對於青少年之間的異性交往有很長一段時間都處於不鼓勵、不贊同的狀態。很多家長和教職人員認為異性之間的交往弊大於利。他們普遍認為青少年處於情感的動盪期,很難掌握好友誼和愛情之間的分寸;青少年該以學業為重,異性交往會影響學習;異性友誼會分散青少年的精力,並不是友誼的必需品⋯⋯異性青少年之間的交往會承擔巨大文化壓力、社會壓力和家庭壓力。

青少年與異性成為朋友,會受到猜忌。即便是成年人,成天和異性泡在一起,有說有笑,也難免會引起其他朋友的猜忌,對於格外敏感的青少年之間也是如此。青少年正處於性的萌芽期,他們對異性非常關注,這讓他們對異性之間的親密接觸會格外好奇。

第五節　異性之間該不該存在友誼

■ 異性交往對青少年的成長到底有沒有幫助呢 ■

答案是肯定的。

心理學界認為，異性之間的交往，達成異質社交性是青春期最重要的社會目標之一。一個沒有學會與異性交往、沒有達成異質社交性的人，很難說他是一個成熟的人。

青春期的孩子在生理上和心理上發生劇烈的變化，他們荷爾蒙分泌異常，情緒受到激素的影響容易起伏不定；他們身體快速成長，活動力增強；他們渴望追求真正的自己，同時又對異性十分的好奇，渴望與異性交往，這是正常的現象。

有研究指出，相較於同性，異性之間更容易敞開心扉。與異性做朋友，就像他們透過鏡子去看另一個自己一樣，他們需要去了解與自己截然不同的另一種人的思想、觀點、態度、認知世界的角度、喜好。這個完全不同的朋友，自然帶來新的空氣。他們會豐富彼此的生活，開闊他們對事物的認知視野，豐富他們的體驗和閱歷，在這樣美好的年齡，這是多麼難得的經歷。

■ 為什麼家長不支持 ■

我們無非是有自己的小算盤，擔心孩子過早地開始戀愛關係，還沒有辦法承擔戀愛可能會出現的後果，如性行為、懷孕。

異性之間交往的確有一定風險，即便是自制能力相對較強的成人，也常有與異性朋友變成戀愛關係的例子。但是我們不能總去為一些可能發生但是還沒有發生的未來事件而擔憂，這只是家長腦中預想的一種可能，是一種情緒上的焦慮，而並不是孩子一定會發生的事實。

首先，異性青少年在一起，並不一定就是要戀愛，他們可能在一起聊天、探討問題、互相學習、一同玩樂⋯⋯成為戀人只是多種可能中的一種。其次，即便他們戀愛了，家長也沒有必要如臨大敵。下面我們可以逐條分析可能的擔憂。

擔憂 1：耽誤學習。學習的好壞和戀愛沒有絕對相關性。所謂因為談戀愛而影響學習的案例，大多經不起推敲。學生學習不好，應該從學習本身去尋找問題。孩子沒有興趣？缺少目的性？學習方法沒有掌握？缺少好的引導？而不該把學習的問題嫁禍給戀愛，這是一種思維混淆。

擔憂 2：浪費了寶貴的時間。什麼叫浪費？青春期的少年，做什麼都不是浪費，這都是他們自我探索的一部分，這是他們的成長過程。我們不能簡單地用最後是否步入婚姻來判斷他們這段戀愛的經歷是否存在意義。這是以目標為導向的人生，可能是一部分人的價值觀，但這不一定是合適他們的。

擔憂 3：懷孕。這是女孩父母格外擔憂的。可是擔憂有什麼用呢？最好的辦法是告訴孩子該如何防範意外的發生，而不是杞人憂天的焦慮和「一刀切」——禁止和異性交友。

■ 家長能做些什麼 ■

掌握好交往的「度」。青少年異性之間可以交往，但是他們往往很難去掌握或者控制交往的「度」，幫助他們設定好交往的「度」，這是我們可以做的。譬如，與異性出門最晚的回家時間，如何選擇異性朋友，如何保護自己，哪些可以做，哪些盡量不要去觸碰。

順其自然。我們沒有必要去限制異性之間的交往，也不用催促他們去刻意地建立異性的友誼，順其自然地關注他們的發展即可。

第六節　被排擠的「特殊孩子」

孩子需要與同輩人連結，然而在一個團體裡，在一個班級裡，在一群一起回家的孩子裡，總有一個或者那麼幾個被孤立的孩子。他們是在活動中總是找不到搭檔的那個人，在團隊中最後一個被選擇的那個人，很少會收到生日禮物的那個人，在午休時間沒有人一起吃飯的那個。

■ 我們的孩子為什麼被孤立 ■

孩子被孤立的可能性有很多：可能是他們太瘦了，看起來弱不禁風的樣子，遭受到了其他孩子的嘲笑和排擠；也可能是他們太胖了，憨憨的、反應遲鈍的他，也是被人嘲笑的對象；反應慢的孩子，會被說是笨蛋，可是反應太快，也會遭到其他同學的遠離；家庭貧困的孩子、家境特別富有的孩子、特別漂亮的孩子、特別自卑的孩子、學習特別差的孩子、學習特別好的孩子、不愛說話的孩子、太高調的孩子、不同膚色的孩子……被排擠、被孤立都有可能發生。

總而言之，因為孩子的不同，讓孩子成為被孤立的那個人。

■ 學習和思考不同常人的孩子會被孤立 ■

有研究者認為，那些學習和思考不同常人的孩子最容易成為班級裡被排擠的孩子。的確很多天才兒童，他們想法跳躍、活潑好動、能量充沛，他們的思考速度與常人不同，老師的授課內容無法滿足他們的求知慾，這會讓他們很難在團體中找到融合的感覺。因為他們總是別出心裁，他們思考問題的方式、角度、看世界的視角、觀點可能與眾不同，所以他們也很難找到聊得來的同學，在同學眼裡他們是奇怪的人。

第三章　學校：叢林裡的生存法則

■ 從眾心理讓青少年更容易出現孤立和排擠現象 ■

從眾心理是指個人在受到外界人群行為的影響，而在自己的知覺、判斷、認知上表現出符合於大眾輿論和多數人的行為方式，也就是我們所說的跟隨主流。

青少年在心理上尚未成熟，社會經驗也不豐富，人生觀還沒有形成，所以他們更容易出現從眾行為。大多數的孩子會傾向於愛面子、怕被孤立、膽小、害怕承擔責任，而跟隨團體的節奏，包括學習、活動、思考、發表看法……從眾能夠給予他們安全感。所以，當群體中有一個孩子出現與標準或者大多數人行為、想法不一致時，無論他是超越大多數還是落後於大多數，他都會被視為異類。這種異類就成了被冷落的對象。

而對這個不一樣的孩子來說，他承受著巨大的壓力。他要麼堅持自己的觀點，但是接受被另眼看待的結果，要麼他也可以選擇從眾──成為和大多數一樣的「普通孩子」。

■ 社交能力差的孩子會被孤立 ■

我們可以觀察一群孩子圍在一起聊天的場景：他們大約 10 歲，有的孩子一直在眉飛色舞地引領著話題；有的孩子饒有興趣地在旁邊迎合著，不時地點著頭，接過話題，繼續說笑著；有的孩子一直在聽，卻沒怎麼說話，偶爾轉頭看一眼圈外發生著什麼；有的孩子從圈的外圍騎車而過，停了一下，直接走開了；還有的孩子，一個人站在圈外，表情迷茫、手足無措。

青少年時期孩子的親密關係建立在人與人之間的互動基礎上，被孤

第六節　被排擠的「特殊孩子」

立的孩子可能不知道如何才能與人開始互動；不清楚如何能夠把話題接過來，進一步與同伴深入探討；不會表達自己，分享感受……這些社交技能方面存在欠缺的孩子，很容易成為圈外人。

過於自信和自卑的孩子都有被孤立的可能，因為他們要麼會用帶刺的話語去傷害別人來保護自己脆弱的內心；要麼選擇沉默和逃離，這顯然對社交沒有任何幫助。

▌ 被孤立不是孩子的錯 ▌

小學我們班級裡最優秀的女孩，不僅乖巧懂事，長得也招人喜歡，笑起來總是彎彎的眼睛。她從小就是班長，也是全校最有名氣的主持人、好學生、優秀幹部。她是幼年的我仰慕的對象，卻被班級裡大多數女孩和一部分男孩排擠。

為什麼會這樣？

很簡單，因為她太優秀了，當老師把所有的光環都投注在她一個人身上時，就無形地將她推向風口浪尖，為她樹立了「敵人」。

沒錯，這些「敵人」就是我們眼中的那些「表現一般」孩子。可不要小瞧這些孩子拉幫結派的能力，他們成立小組，學著成人的樣子開會，有組織地採取行動：偷取她的作業簿，胡亂塗寫一通，讓她被老師責罰；刺破她的腳踏車輪胎；謠傳她戀愛的緋聞；在回家的路上堵她，「恐嚇」她……

雖然多年後等我們同學聚會時，說起這些往事都一笑而過，但是只有當事人自己知道，她的童年有多麼難熬。

這是她的錯嗎？不是。她只是在做她想做的事情和她被老師安排的

111

事情。那是其他孩子的錯嗎？他們有錯；他們視老師為敵人，他們視班級幹部為幫凶，他們想拒絕老師的管理。但是他們是孩子，他們的「仇恨」來自哪裡？

或者，是老師的錯嗎？老師想管好班級，所以她會尋找最得力的孩子成為她的助手。但是她卻沒有想到，她集萬千寵愛於一身的做法，使這個孩子成了眾矢之的，讓其他孩子內心不平衡，這是她缺乏專業性和經驗性所造成的局面。

家長也不能逃過責任。總是拿「別人家的孩子」來攻擊自己小孩的做法，本意想「激勵」孩子，往往是「激怒」了孩子。孩子一旦在主觀上出現「不喜歡」、「討厭」、「看不慣」的想法時，他們就會立刻表達出這些情緒，並且毫不掩飾地付諸行動。

被孤立是一群人想要排擠一個人，這是這一群人的控制欲，希望所有人都能按照這個群體的意願行動。在這種情況下，被孤立其實與被孤立者毫無關係。

■ 被孤立的孩子會怎樣 ■

長期被孤立的孩子，就是沒有被團體融合和接納，團體就好像是一碗水，沒有被接納的孩子就像浮在水面的浮萍、懸浮在水中的海草、沉在水底的淤泥，要麼被發現──人中佼佼者，要麼被掩蓋──自娛自樂，要麼被沉沒──迷失自我。

被孤立的孩子，並不代表他們未來會一蹶不振。我小學那位優秀的同學，現在成了成功的女企業家；也不代表他們會帶著創傷，一直被孤立。很多孩子，特別是缺少社交技能的孩子，在逐漸成熟的過程中，還

第六節　被排擠的「特殊孩子」

有可能成為社交高手；他們也不一定不幸福，他們仍然可能接納不完美的自己，無論是張揚的，還是脆弱的。研究認為，對那些原本就特立獨行、覺得自己與眾不同的人來說，遭遇社會的拒絕恰好驗證了他們對自己的看法，激發了他們的行動力。

但對那些歸屬感要求強烈、渴望與他人互動的人來說，被孤立會有很多負面影響。被孤立的痕跡，會永遠地存在於這些人的記憶深處。

研究發現，那些被排擠過的人，他們被啟用來留存相關經驗的腦區和身體疼痛時被啟用的腦區是一樣的。這也就意味著，被孤立的痛苦與摔斷腿一樣，讓人刻骨銘心，痛徹心扉。

■ 還有一些孩子，他們一直飽受被孤立的困擾 ■

他們可能畏首畏尾。他們從小學到大學，從學校到社會，童年的陰影一直圍繞著他們，讓他們在面對群體時，總是充滿了忐忑——我會不會成為那個不被歡迎的人。這種恐懼總是在心頭縈繞，讓他們做事變得謹小慎微——總是擔心自己不被接納。

他們可能成為討好型人格——為了融入團體，而放棄本性。為了獲得團體的認可而改變自己的行為，或者把真實的自己藏起來，偽裝成另一個較為受歡迎的人。他們甚至會毫無原則地委屈自己，討好別人。

他們可能選擇獨來獨往。與其被人挑剔，不如挑剔他人。他們會在交友上有自己的潔癖，很難進入親密關係。他們怕被傷害，所以選擇傷害他人——拒絕他人的邀請。他們或許可以自得其樂，以此來掩蓋未被滿足的自己。

■ 家長能做些什麼 ■

一、理解孩子。如果我們的孩子有一天回到家裡跟我們說，他在學校交不到朋友，同學都不喜歡他。或者他都沒有勇氣跟我們講，只是不愛上學，總是生病、悶悶不樂、不愛出門，我們一定要耐下心來，找一個時間，跟他好好聊聊，了解一下他是不是遇到了什麼難事了。

二、認真對待。被孤立不是一種簡單的行為、衝動的情緒，它是確實存在的一種狀態，一種可以傷害孩子的行為。我們不僅要認真對待，也要告訴孩子，如果他遇到了這樣的情況，他難過、痛苦、不知該怎麼辦時，一定要告訴家長，我們需要一起面對。

一次被孤立不等於一直被孤立。轉機不會屬於自暴自棄的人，我們要鼓勵孩子，如果是社交技巧方面存在問題，那麼我們可以針對性地幫助孩子。或者有時候，退一步海闊天空，換個環境，與其他群體嘗試連結，不一定不是一個好的辦法。

第七節　成為「被接納」的孩子

友好的、配合度高的、沒有攻擊性的、善良的、遵守規矩的、乖巧的、懂事的、會察言觀色的……每個家庭都對自己的孩子有一個期待，每個團體也有自己的吸收成員的準則，那麼，什麼樣的孩子會被群體接納、被同伴接納？「被接納」有標準嗎？我們該怎麼做呢？

在探討「被接納」之前，我們先探討「接納」。

我們總在談「接納」，接納孩子的不一樣，同時也讓孩子接納自己真

第七節　成為「被接納」的孩子

實的樣子,但事情總是會出現一些偏差。

孩子不喜歡收拾屋子,家裡很亂。然後他對自己說:我接受這樣的我,我就是這樣,房間亂一點沒關係。

孩子在學校社交出現了問題,他被同學排擠,他對自己說:無所謂,你們不喜歡我,我還不喜歡你們呢。

孩子跟朋友吵架,互不退讓,孩子對自己說:我要做我自己,我改變了,就不是我了。我要堅持我的個性!

家長談起「接納」也會有一些疑問:如果我們總是告訴孩子,你已經夠好了,那他是不是就不用進步了?他還會有競爭意識嗎?他會不會就此安於現狀了?

什麼是自我接納

自我接納不是自我寬恕——亂一點沒關係;也不是自我感覺良好——我要堅持自己的個性;更不是自我放任——無所謂;以及自我放空——什麼都不做,什麼都不想。自我接納,從概念上講是接受自我和他人以及自己所處的環境。這裡面包含兩個層面意義。

1. 接納自己和他人,不曾為自己或他人的缺點所困惑或感到窘迫與不安。坦然地接受自己的現狀,包括自己的需求、程度、期待,同時也寬容地對待他人的弱點和問題,從容地生活,很少使用防禦機制。

2. 自發、坦率、真誠。真實地對待自己的感情,並且坦誠地說出自己的感受,不掩飾自己,自然而單純地表現自己。

譬如,孩子在學校出現社交問題,被同學排擠,首先他要能夠接受這種現狀——他被同學排擠了。然後我們需要了解到,他自己真實的情

緒：因為被排擠了，很氣憤，他不知道該怎麼辦；他真實的期待：希望被同學接納。他表現出來的無所謂、不在乎，並不是他真實的情感，他並不是在自我接納，而是出現了自我防禦。

接納是一個過程，我們在幫助孩子之前，還是要清楚孩子真實的需求。以上面的例子為例，我們首先需要讓孩子平靜下來，嘗試引導孩子，看到自己的真實情緒。或者告訴孩子，他現在很氣憤，氣憤的只是情緒，我們需要幫他找到真正的原因。其次，明確孩子的需求，比如，孩子一方面想透過逃避來開解自己的氣憤情緒；另一方面，他還是希望可以融入班級裡的。在明確了這些內容後，我們就可以對症下藥，例如了解孩子平時怎麼待人接物，具體地、有針對性地提高孩子的社交技能。當然，這不是一蹴而就的事情，我們需要慢慢地、有計畫地執行。

接納並不是「順其自然」，接納是意識到真實的需求，樂觀地向前看，避免去評價自己，關注當下，換位思考。在接納中成長起來的孩子，他們是輕鬆自在的，不需要刻意去討好他人，他們有機會成長為自己本來的樣子，他們的創造力、自尊、自信被保護得很好，他們一邊享受生命，一邊實現夢想。

每個人對自己的自我接納程度都不相同。能力、外貌、成就、身體、人際關係、道德……自我接納與自尊密切相關，自尊得到滿足的人會格外的自信，他們清楚自己的價值，不以物喜、不以己悲──大方地接受讚美，虛心地接受批評，不會為了獲得讚美而改變自己，因為受到批評而懷疑自己；他們不會高調地炫耀自己，也不過分羨慕別人。這樣的孩子怎麼會不招人喜歡呢？

第七節 成為「被接納」的孩子

■ 再談「被接納」■

之前我們談到「受歡迎的孩子」，也是在群體中被接納的孩子。什麼樣的孩子會更容易被群體接納？

我們在第二章談到，不同的社會結構、以及不同的文化背景，受歡迎孩子的特質會有些微的差別，但有一部分特質是面向大眾的、被普世所接納的。這裡我們選用正向心理學家建構的 24 種基本的人格美德，意即每個人都以不同程度擁有這 24 種人格美德，用此來幫助孩子了解自己、發揮所長。

這 24 種人格美德如下。

面項	24 種人格美德
智慧及知識	1. 創造力、靈活性和獨創性：能夠創造新的、有效的方法。
	2. 好奇心：有尋找新事物的能力，也對新事物感興趣，對不同的經驗抱有開放接納的態度。
	3. 開明的思想（判斷力、批判性思考）：能換位思考，多角度思考問題，不妄下結論。
	4. 喜愛學習：能夠掌握學習技巧、選擇特定主題和知識內容，有系統地增進知識。
	5. 洞察力：能夠為他人提供意見和忠告。
勇氣	6. 勇敢：面對調整、困難、威脅或者痛苦時，不會畏縮。
	7. 堅持：即使過程中遇到困難，也會堅守，不會退縮。
	8. 正直：說實話，真實地表現自己，不虛偽，為自己的感情和行為負責任。
	9. 生命力：有活力、有幹勁，做事全力以赴，不半途而廢，也不會覺得無聊。把生活當成一次冒險之旅，感到樂觀且充滿生機。

面項	24 種人格美德
仁愛	10. 愛：重視親密關係，特別是可以分享、關懷的關係。
	11. 仁慈：寬宏、關懷、無私的愛、善良，為別人做好事，帶給他人恩惠，幫助他人。
	12. 社交智慧：知道他人和自己的動機與感受，明白怎樣去配合不同的社交場合，知道他人想要什麼。
正義	13. 公民感：社會責任、中心、團隊精神。
	14. 不偏不倚：公平公正、一視同仁，不因個人喜好做出偏差的判斷。
	15. 領導才能：鼓勵團隊的同時維持成員之間的良好關係。
節制	16. 寬恕和慈悲：寬恕做錯的事，給予他人機會，不報復。
	17. 謙恭：不誇耀自己的成就，不追求他人的注視，不認為自己特別。
	18. 審慎：小心謹慎、不過分冒險。
	19. 自我控制：自律，規範自己的行為和感覺。
自我超越	20. 對美麗和卓越的欣賞：感恩生命中的一切，包括自然、藝術、數學、科學等，留意美麗、優秀、精巧之處。
	21. 感恩：留意身邊的好事，並為此感恩，常常表達謝意。
	22. 希望：樂觀感，對未來抱有最好的期望，並努力達成心願，相信美好的未來可以實現。
	23. 幽默感：能夠帶給他人歡笑。
	24. 信仰：人生有始終堅信的信念，並知曉人怎樣配合大環境。

這 24 種人格美德，只是一個參考準則，為我們提供了美德的基本架構。實際上，我們每個家庭透過幾代人的傳承，形成一個獨特的、屬於自己家庭的自我評價，這個評價隨著基因，世代傳承下來，在我們的子

子孫孫中，既帶著家庭的共性，也獨具個人的色彩。廣泛的說，正如華夏文明的基因流淌在我們每一個華夏子女的血液中一樣，我們逐漸形成一個屬於自己民族的特性、屬於自己家庭的風格、自我的評價標準，這些匯集到一起，形成屬於自己的準則，也可以稱為價值觀。

我們渴望孩子受歡迎（被接納），但是每個群體都有不同的標準（價值觀），我們的孩子都要去逐一地滿足要求嗎？

並非如此。我們的孩子需要有明辨和批判的能力，他能夠知曉哪些標準是自己認可的，哪些標準是被普世價值，還有哪些標準是他不接納的。他首先需要明確自己內心的標準，將自己的標準與普世價值對齊，或者找到更高程度的美德標準，不斷地吸收，讓自己的行為和標準不斷地向其靠近，久而久之，孩子這樣自然會迎來真正的受歡迎，這種歡迎不是為了迎合別人，而是為了滿足自己，是達到自己內心準則後的自我肯定，是一種正向的能量。

第八節　朋友以上，戀人未滿

戀愛與青春期，總是一同出現在我們的腦海中，擔心也隨之而來。因為我們還記得那些青澀的、愛的歲月中，我們興奮又莫名焦慮的樣子，前一秒鐘還在哀嘆，下一秒鐘卻又興奮不已；時而陷入絕望，時而又宛若新生。那些想說又不敢說、想見又不敢見的時光，隨著我們的青春一併散去。或許我們後悔了，沒有用大好的時光去努力打拚；或許我們傷感了，那段注定失敗的感情，傾注了那麼多的心血；或許我們遺憾

了，為什麼要在那麼無助的年齡遇見這麼複雜的人間感情。所以，當我們的孩子逐漸成長為我們當年的樣子時，擔心也隨之而來。

然而，該來的誰也擋不住。

■ 有很多孩子正在談戀愛嗎 ■

國外在研究了數千名 7～12 年級的學生後，發現 14 歲以上年齡階段的孩子中，有 80％曾經擁有或正處於浪漫狀態關係——戀愛。雖然他們其中一部分的戀愛關係非常短暫（2 個月或者時間更短），但也存在 50％的孩子有持續 2 個月以上的浪漫關係。而持續超過 1 年的交往關係中，有 20％為 14 歲以下的青少年，35％為 15～16 歲的青少年，60％為 17～18 歲的青少年。大部分父母知道、見過自己孩子的約會對象，並且父母會跟其他人分享了孩子的約會情況。

■ 青少年的戀愛特點 ■

一、更少的壓力和焦慮。與我們認知不同的是，沒有男女朋友的青少年的壓力和焦慮情況要比有男女朋友的青少年高。對於沒有戀愛對象的孩子，他們會感到同伴壓力和同伴失調。在網路上（如 Facebook、Instagram）我們經常會看到有匿名的青少年詢問：「自己沒有男（女）朋友，是不是自己哪裡不好？是不是自己太胖了？」

二、以探索戀愛為目的。與成人戀愛不同的是，在早期的戀愛關係中，青少年約會的動機並非源於性的需求，他們更多的是需要一個環境來搞清楚戀愛到底是怎麼回事、探索自己的魅力，以及同伴群體對此事的看法。他們的整個青少年時期都沉浸在浪漫的情緒中，無論是否有真正的交往對象。他們進入青春期後，在激素的引導下，開始對異性異常

第八節　朋友以上，戀人未滿

地感興趣，這種興趣並不是以「結婚」為目的的。他們不會像成人戀愛前會進行慎重的思考：生理條件、家庭情況等因素。他們的戀愛更像是一種情緒，他們在經歷一種戀愛情緒體驗。

三、更豐富的情緒體驗。有男女朋友的青少年其日常情緒波動，比那些沒有男女朋友的青少年要多。他們可能一天之內經歷高興、焦慮、煩惱、沮喪、幸福等一連串的情緒變化。這與他們戀愛經歷的缺乏和充沛的荷爾蒙有著密切的關係。但是總體報告中顯示，負面的情感占比（42％）少於正向的情感。也有研究表示，這份負面的情感足以讓承受能力不強、較為脆弱的青少年帶來風險。一項涉及 8,000 多名青少年的研究發現，戀愛中的青少年比沒有戀愛的青少年出現憂鬱的風險更高，特別是那些戀愛中的女孩，憂鬱可能出現在失戀後。

有研究將剛剛開始戀愛的青少年與沒有戀愛的青少年進行對比，結果表明，這些剛剛開始戀愛的青少年處於一種「輕躁狂」的情緒狀態，在這種情緒狀態下，他們的情緒非常不穩定，也許上一分鐘還欣喜若狂，下一分鐘就垂頭喪氣。與對照組相比，這組戀愛中孩子的早上、晚上的情緒更加良好，睡眠時間短，但是睡眠品質更好，白天嗜睡程度降低，注意力更集中。

四、戀愛與社交。我們在前面提到，兒童期同伴的交往是以同伴群體的形式出現的，這個群體裡兒童定期的互動、提供歸屬感並且有一定的規則和要求。在青少年早期，兒童逐漸結成小幫派，小幫派又常常形成小團體。這些集合都是青少年可以表達自己、嘗試做自己的環境，也為他們的戀愛提供了條件。在團體中，他們早已打破了兒童期的性別分離情況，他們所在的同性小幫派，為他們接觸異性提供了安全基地。他們所在的異性小幫派為他們提供了各式各樣的非正式場合，去了解異

性、接近異性。這種幫派式的接觸，去除掉了一定要形成親密關係的壓力，這讓他們感到格外的輕鬆自如。經過一段時間的探索和了解，最終，從這些小幫派中，會形成1～2對情侶。在情侶形成後，這個小幫派也就解散了。

戀愛之後的青少年，他們會花更多的時間在與異性的相處上，跟同性及團體在一起的時間會變少，有時會有脫離團體、阻斷社交的情況，這也是常見的。他們與異性在一起的時間可能並不會太長，但是會用更長的時間去想念彼此。譬如，根據調查，13～14歲的有戀人的青少年，他們會花4～6個小時來思念對方，但是見面的時間大約只有1小時。但在16～17歲時，他們會用更多的時間去見面。

戀愛與任何人生的新階段一樣，對孩子來說也是全新的體驗。他們雖然從電視上、電影裡、文學作品裡、父母那裡、同輩中學習了大量的訊息，但是在他們進入關係時仍然是既興奮又緊張的。他們冒著被拒絕的風險，學會向異性表達，要懂得去了解對方的心思，要嘗試知道如何去關懷、體貼、照顧一個人，要學著如何處理衝突和矛盾，如何去平衡學習和情感還有友情這3個方面的關係。他們與異性交往的社交能力快速地提升著，他們透過這種浪漫關係，學習了解自己和其他人，累積經驗，內心快速成長。

五、戀人未滿。心理學家艾瑞克森認為，暗戀和青春期戀愛對青少年自我理解與身分認同提供了重要的幫助。墜入愛河是青少年自我發展的一種形式，並不是真正的、像成人一樣的親密關係。隨著青少年認知能力的發展，他們越來越有自我意識，與他們的戀人一起嘗試「成長後」的身分，並透過伴侶的反應和行為得到回饋，逐漸明確自己的形象。他們的戀愛更多的是談話，是一種不同形式的「自我」嘗試，也是測試這種

第八節　朋友以上，戀人未滿

「自我」對其他人的影響方式。

　　無論戀愛的長短，青少年時期的戀愛關係都可以正面的學習經驗。譬如，透過對自尊和自我吸引力的影響，他們在同輩中變得更有自信。戀愛也可以幫助青少年變得更加成熟，可以幫助他們減少與父母在情感上的依賴關係，協助他們早日獨立。在某種意義上來說，這個時期的戀愛是未來長大成人，真正親密關係的訓練場，為學習如何做到情緒管理、解決談判衝突、滿足交流需求等提供了機會。

　　六、不利的一面。青少年尚處於發育期，他們對自己各方面的控制能力都不強。伴隨著他們起伏的情緒，可能會出現一系列的問題，譬如，虐待或者暴力互動、性脅迫；單相思、分手導致的情緒失調，繼發憂鬱、自我傷害；過早的性生活，甚至早孕等。

■ 家長能做些什麼 ■

　　該來的總是會來，與其我們一味地阻止或者干涉孩子的情感生活，不如儘早地將戀愛的收穫和可能出現的危險告知孩子，讓他們自行評估風險。在青少年時期，父母與孩子若是能夠建立相互尊重、平等的關係，會更容易和他們溝通，獲取他們的信任。及時的性教育也很重要，雖然對父母來說，我們需要尋找一些機會「開口」。實際情況是，如果我們把性教育安排在孩子第一次約會前的話，那麼恐怕已經有些晚了。提醒孩子，在戀愛的同時，別忘了自己的那些老朋友，鼓勵他們堅持鍛鍊身體和繼續自己的愛好，這些都有助於在他們感情出現問題時，給予他們更好的支持，降低分開時陷入極度沮喪和困擾的風險。

　　總之，青春期的戀愛關係對孩子來說，是一段獨特的、有助於成長的健康經歷，可以教會孩子很多知識，也存在很多誘惑和陷阱。在孩子

第三章　學校：叢林裡的生存法則

的這段特殊時期，家要成為孩子安全的庇護所，為這些躁動的孩子提供安全的保護，而不是在家門之外設立高牆，否則，這樣雖然阻斷了孩子的戀愛，但也同時在孩子的心裡築了一面牆。

第九節　亦正亦邪：社群軟體與孩子面面觀

　　無論我們願意或者不願意，社群軟體都已經不可逆轉地改變了我們生活的各方面。

　　我們也許永遠無法理解，一個出生就在面對著父母不停地手機拍照、用視訊跟爺爺奶奶通話的孩子，社群軟體對於他們意味著什麼。

　　人類自古以來是群居的，我們需要社交和陪伴，對於孩子也是一樣。社群軟體的存在，在滿足了我們社交需求的基礎上，還突破了社交的底線——無須見面，隔空相連。它依靠網路，我們無須出門、無須遠渡重洋、即使足不出戶，就可以跟世界上任何一個有網路的地方連結、與陌生人交朋友。

　　從早期單一的聊天產品 MSN 的出現，到現在 Line、Facebook、YouTube、Instagram⋯⋯人們對於社群軟體的熱情有增無減，青少年也樂在其中。很多研究認為，社群軟體與網路會對孩子產生不可逆轉的影響，但也有研究認為社群軟體會讓孩子在增加大腦互動以適應新技術的同時，提高他們的社交互動。

第九節　亦正亦邪：社群軟體與孩子面面觀

■ 社群軟體的不良影響 ■

一、社群軟體的影響最嚴重的是社群軟體成癮症。以 Facebook 為例，孩子總是迫切地想知道朋友在做什麼，他們發生了什麼，有沒有新的訊息……這樣的想法會讓他們上癮。研究發現，在社群軟體中，透過「按讚」獲得讚賞的情況會在大腦掃描中被啟用，從而開啟了大腦的獎勵中心，這對青少年特別敏感。這也可以解釋為什麼青少年如此迷戀社群軟體。

二、強迫檢查。對兒童和青少年來說，知道有多少人喜歡他們釋出的內容，有多少人關注他們或者不關注他們，並且知道其他人對自己的評價，這些都會導致他們不斷地刷新手機——強迫檢查。有的孩子承認，他們一天之內會不斷地檢查自己的社群軟體超過 100 次，甚至上學時也會如此。顯然，這會分散孩子的精力，讓他們很難專注於功課或者閱讀甚至體育活動。

三、更高的心理健康風險。還有一些研究成果發現，學校裡每天在社交網站上花費 3 個小時以上的孩子，遭受不良心理健康疾病的可能性是其他孩子的 2 倍。他們沉浸在虛擬的世界中，這會讓他們的情感和社會發展受到延遲。根據該研究，社群軟體可能是社會比較、網路霸凌和孤立問題的來源，這會導致青少年產生心理健康問題。

研究顯示，哪怕每天只使用社群軟體 1 小時，也會對青少年產生不好的影響。這是社群軟體帶來更多的社交比較和網路霸凌，減少了面對面的活動所導致的。

四、影響主觀幸福感。密西根大學的研究顯示，在青少年中，使用 Facebook 會導致主觀幸福感下降。年輕人使用 Facebook 的時間越多，他

第三章　學校：叢林裡的生存法則

們對當下的感覺就越差，對整體的生活滿意度也就越低。

五、錯失恐懼症。錯失恐懼症也稱為社群恐慌症，青少年總覺得自己錯過了什麼有意義的事情，例如，朋友的笑話、聚會、活動或者其他娛樂活動，會導致青少年感到沮喪甚至焦慮。

六、引發憂鬱。研究發現，包括玩影音遊戲在內的各種玩電腦時間中，社群軟體與青少年的憂鬱症狀更相關。因為青少年很容易在諸如Instagram、Facebook這樣的平臺中，將他們實際生活與理想生活做比較，這會讓他們覺得自己不好，對自己自信度和滿意度降低。特別是女孩，會增加她們與其他人更多的比較。這些比較是不現實的，因為這些社群軟體都採用了濾鏡、化妝、照明、角度等方法處理，但這並不是真實的生活。

七、影響睡眠。夜間使用社群軟體，會影響孩子的睡眠。因為在使用社群軟體時，孩子的情感投入很大，會讓他們的情緒處於波動中，很難入睡，導致他們的自尊心較低、焦慮程度較高。此外，智慧手機和平板電腦發出的光亮被認為會擾亂睡眠週期，而睡眠對於成長中孩子的大腦和身體格外重要。

八、錯假資訊。在網路上有很多「網紅」對青少年是極具份量的「影響者」，他們的存在更多的是為了推銷產品、誘騙消費、宣傳活動，孩子很難有能力去區分他們給出的資訊到底是廣告還是真實的資訊。

九、個人隱私被散布。對孩子來說，他們極度渴望被關注，社群軟體剛好可以滿足他們的需求。他們可能會做出一些出格的行為。譬如，透過上傳一些違法的、暴露的圖片和影片來獲得關注，但是卻可能給他們帶來更嚴重的影響。上傳到網路上的資訊一旦流出，就傳播了出去，

第九節　亦正亦邪：社群軟體與孩子面面觀

沒有徹底回收的可能，它會瘋狂地在網路上流傳。當青少年意識到問題的嚴重性時，會給他們帶來焦慮，甚至是憂鬱。

十、與自殺的關聯。還有研究表示，有傷害自己或者自殺企圖的年輕人，特別容易受到社群軟體負面資訊的影響。研究指出，有自殘或者自殺念頭的孩子和青年人實際上在網路上花費的時間更多，並且比沒有此類想法的同齡人更經常遭受網路的霸凌。

自拍並上傳照片是孩子尤為熱衷的一項活動。有學者指出，自拍讓人們沉迷於外表，會觸發心理健康狀況。有報導稱，沉迷於自拍上癮的孩子，會因為無法拍攝出完美的照片而試圖自殺。過於關注自拍的年輕人，一般是缺乏自信和自我意識的，他們利用自拍來吸引人們的注意。

十一、影響注意力。研究顯示，青少年反覆檢視社群軟體和影片的次數越多，越會影響他們的注意力，導致注意力持續的時間縮短或者注意力的分散，甚至他們很有可能出現注意力不足過動症或注意力缺陷多動障礙的症狀。

■ 社群軟體好的一面 ■

凡事都有兩面性，同樣有很多研究者支持社群軟體，他們也致力於研究社群軟體對於孩子成長的益處。

數位時代已經不可阻止地到來，孩子需要花費時間去學習未來世界的基本社交和技術技能，這對他們來說是必需品和必備品。孩子需要學會適應永久性和公共性的社交，並且學會管理自己的社群軟體，建立自己的數位人脈網路。

一、社群軟體為孩子之間進行同輩學習和同輩交流提供了良好的平

第三章　學校：叢林裡的生存法則

臺。社群軟體的性質讓他們更有動力和意願與同齡人在一起交流和互動。社群軟體的便利性、趣味性、間接性（可以不讓人知道我是誰）、直觀性恰好滿足處於青少年時期孩子的心理需求。同時，社群軟體滿足他們的求知慾，這讓知識的來源變得更為豐富和多元，讓老師不再是他們唯一的依靠。

二、社群軟體打破了地域的界限。在沒有社群軟體之前，沒有人可以想像在世界兩端、素未謀面的人們可以結識，社群軟體提供了這種可能。社群軟體讓孩子可以與世界各地的人交朋友，這讓他們比以往任何一個時代都擁有更多的社交資源。同時，社群軟體讓他們更容易與遠在異地的親朋好友聯繫。這讓他們更容易和難以見面的親人、朋友保持聯繫。

三、社群軟體幫助孩子維繫友誼。對於社群軟體上「按讚」和「打招呼」的功能，也有研究認為，這讓孩子更注重維繫關係。社群軟體也為他們提供了維繫關係的平臺，讓他們即便不見面也可以透過釋出的社群動態及文字以保持連繫。

四、還有一些心理學家鼓勵患有焦慮症和憂鬱症的孩子使用社群軟體。拉里．羅森教授指出，社群軟體雖然只是提供一種虛擬的表達，如「按讚」、傳貼圖等，但這也是在培養孩子的同理心能力。這讓孩子透過螢幕可以與螢幕中的夥伴一同歡喜、一同憂愁，這種虛擬的同理心對於他們是正面的，並且可以擴展到現實生活中，幫助他們學習和提高現實生活中的體會能力。

五、對創造力有良性的影響。一些社群軟體可以幫助孩子發揮創造力，可以讓他們將日常接觸的流行歌曲、舞蹈、生活內容結合在一

第九節　亦正亦邪：社群軟體與孩子面面觀

起，還需要學習拍攝影片和影片編輯軟體，這對他們是一個很好的學習過程。

■ 家長能做些什麼 ■

社群軟體對於社交的改變已成定局，我們再也沒有辦法去迴避網路和社群軟體的影響。

一、告訴孩子社群軟體裡的「坑」。雖然孩子可能一時理解不了那麼多，但是這會讓他們有意識地去觀察和逐漸理解社交網路中存在的風險與陷阱。這裡包括過度共享、隱私、商業利誘、虛假資訊……但是我們需要注意自己的溝通方式，不要讓孩子以為我們的出發點是為了阻止他們使用社交網路，這會讓他們關上交流的大門。從個人經驗的角度分享，會讓孩子更容易接受。

二、鼓勵孩子在現實生活中見面。交流中最重要的一點是眼神的交流，這也是社群軟體中最難以實現的部分（即便可以透過視訊交流，但是網路傳輸的延遲和畫質的失真讓視訊與真實見面仍然存在差距）。除了眼神，面對面的交流可以幫助孩子感受和理解非語言方面的內容，這也是交流中的重要組成部分。雖然現在的「00後」（2000年以後出生的小孩）非常喜歡用社群軟體來解決自己的工作、學習或者個人的問題，他們不認為社群軟體的運用會讓溝通流失部分內容，他們認為畫面、文字加上貼圖可以充分地表達自己想要傳遞的內容；然而，也必須承認，由於文字缺乏情感，他們不得不花時間去處理由於誤解而帶來的煩惱。所以，這也是面對面交流不可替代的關鍵點。真正的、面對面的交流，是融入了眼神、呼吸、能量、談話內容和肢體語言的複雜性系統，真正的、面對面的交流更能傳遞情感、能量。迄今為止，線上交流無法構成

這樣的一個複雜系統，來傳遞這些除了文字和畫面以外的內容。

三、培養孩子豐富的興趣。根據行為心理學的邏輯，每一次的阻止都是再一次的強化，當我們阻止孩子上網時，也在無意中給他們上網的行為進行一次強化。激發孩子其他事情的興趣，例如運動、讀書、寫作、旅遊等。為他們組織這樣的家庭戶外活動，而不是週末全家人窩在家裡各用各的電腦，這會比不斷地告訴孩子不要上網有效得多。

四、幫助孩子更容易理解社群軟體展示的內容。如果孩子開始有意無意地透露出對朋友生活的羨慕，或者羨慕網路上一些虛擬的照片、影片傳遞出來的價值觀、生活態度，那麼我們有責任去提醒他們網路虛假的一面。每個人都渴望展示自己最好的一面、最有意思的一天、最奇特的經歷、最完美的作品，推己及人，社群軟體裡的內容也是如此。我們只是看到他們那一瞬間的美好，這並不是他們每天 24 小時的生活。如果可能的話，可以鼓勵孩子關閉社群軟體提醒，這並不會錯過些什麼。

五、加入孩子的社群軟體。如果可能的話，加入孩子的社群軟體，但是我們也該清楚並且接受，孩子有權利也有能力去隱藏他的一部分個人生活，不讓我們看到。我們更多情況只是觀看並且保持沉默，並不是制止或者隨意地發表自己的意見、評論，這會引起孩子的戒備心理，很有可能隨時將我們封鎖。

六、幫助孩子更容易理解社群軟體與現實的關係。網路上的受歡迎程度與現實生活的受歡迎程度沒有太大的相關性，這一點需要我們傳遞給孩子。所以，應該讓孩子知道，無論他們釋出的社群動態是否有 100 個人「按讚」，這並不影響他們什麼，也不代表他們是否是受歡迎的。這樣他們就不會對網路上發生的事情那麼關注和不安。

第九節　亦正亦邪：社群軟體與孩子面面觀

總之，網路是一個虛擬的新世界，在這個新世界裡，無論孩子還是家長，都需要一雙慧眼去甄別，去偽存真，修煉一身武藝，在這個虛擬的世界打拚出一片天地。

第三章　學校：叢林裡的生存法則

第四章

性格與社交

第四章　性格與社交

第一節　性格是把兩面刀

我們一直渴望透過性格來了解自己，理解他人。譬如，當我們在公車上看到一個女孩嘻嘻哈哈地在打電話，聲音很大，語速很快時，我們會預設這個女孩是外向的性格，一些外向人的特質，馬上就會跟眼前的女孩連繫起來。當我們跟同事接觸時，對每個同事的性格也都會有評斷。

我們傾向於將認識的人進行個性分類，透過他們的語言、行為甚至寫郵件的文字來分類，然而性格的內涵遠比內向、外向來得多。

■ 性格是什麼 ■

心理學界將性格定義為：一組持久而獨特的個人心理傾向與特徵，此心理傾向與特徵在和外在環境互動之後，可以影響個人的行為、情緒與認知反應，是人格的一部分。人格由氣質和性格構成，與氣質天生而來不同，性格受很多因素的影響，譬如，遺傳因素、家庭因素、學校教育、社會環境、自我教育。所謂「人心不同，各有其面」，說的就是人格的獨特性。

當然，雖然人與人之間各不相同，但是並不意味著人與人之間沒有共同性。在人格形成的過程中，既有生物因素的制約，也有社會因素的影響，在早期的心理學研究中，人們傾向於研究後天對性格的影響，隨著基因學、生物學的發展，研究者又把目光放在了基因對於性格的影響上。

第一節　性格是把兩面刀

■ 性格的分類 ■

我們習慣將人分為性格外向型和內向型,但實際上對人性格的劃分要比這兩類豐富得多。

許多研究者認同性格五個超級因素(也稱人格的五大因素)的分類方法,即開放性、盡責性、外傾性、宜人性和情緒穩定性。每一個特質又包含了幾個基本特質與特徵,具體內容如下表所示。

開放性	・有想像力的或是現實的 ・對變化感興趣或是對常規感興趣 ・獨立或是依從
盡責性	・有組織的或是無組織的 ・細心的或是粗心的 ・助人的或是不合作的盡責性
外傾性	・喜歡社交的或是害羞的 ・開朗有趣的或是沉悶的 ・滿意的或是自憐的外傾
宜人性	・心軟的或是無情的 ・信任的或是懷疑的 ・有紀律的或是隨心所欲的
情緒穩性	・冷靜的或是緊張不安的 ・安全的或是不安全的 ・感情豐富的或是拘謹矜持的

表中顯示了每個特質從一個極端到另一個極端的特徵,在測試過程中,根據得分,來判斷每個特質中匹配的屬性。

譬如,在外傾性中,得分高的外向者熱愛交際、精力十足、樂觀、

友好自信，得分低的內向者這些表現則不突出，但是這並不代表他們是自我中心和缺乏精力的，他們是偏向含蓄、自主與文靜的。

在宜人性中，得分高的人樂於助人、富有同情心、可靠，得分低的人為人多疑、抱有敵意。前者注重合作而不是競爭，後者喜歡為了自己的信念和利益鬥爭。

在此基礎上，心理學家艾森克又提出了人格的三個基本維度，即外傾性、神經質和精神質。外傾性表現為內傾、外傾的差異；神經質表現為情緒穩定性的差異；精神質則表現為孤獨、冷酷、敵視、怪異等偏於負面的人格特徵。艾森克依據這一模型編制了艾森克人格問卷，被人們所熟知，並廣泛使用在性格、人格測試中。

而我們平時談到的內外向性格，就是艾森克提到的內外傾性。問卷得分高表示人格外向，可能是好交際、渴望刺激和冒險，情感易於衝動；得分低表示人格內向，可能是好靜，富於內省，除了親密的朋友，對一般人緘默冷淡，不喜歡刺激，喜歡有秩序的生活方式，情緒比較穩定。

■ 青少年的性格特點 ■

雖然這些研究最開始是針對成人進行的，但隨著對青少年心理的關注，性格學說也開始應用於青少年的行為指南。青少年性格或者說人格的研究難點在於，青少年尚處於變動期，他們從少年到成年還會經歷許多身心的變化。研究認為，了解他們的變化可以使家長或者陪伴者更容易注意到危險訊號，並且幫助他們在心理上健康成長。

青少年的性格會發生哪些變化呢？研究顯示，雖然同輩影響對青少年來說很重要，但是朋友性格的改變並不一定會影響青少年性格的改

變。青少年傾向於與他們相似的人交往。所以，當朋友的性格發生變化時，他們可能會終止友誼。

隨著年齡的增長，孩子性格中的宜人性會增加。大體上來說，男孩的盡責性特質始終要低於女孩。這意味著男孩可能不太願意墨守成規，不太願意遵守規則，但是隨著年齡的增長，他們整體的盡責性會有所提高。

青少年的性格整體上不如成年時期穩定，但也有研究者認為，青少年的部分性格具有一定穩定性，如攻擊性、控制力、依賴性、社交性和羞澀傾向，這些從青少年到成年時期都相對穩定。

■ 對性格的評價 ■

我們習慣於評價別人，特別是針對別人的性格，這是很容易發生的事情。我們都認為自己是專家，我們用性格開朗、有趣、充滿活力、樂觀、自信、過於認真等來評價剛剛結識的人，我們渴望用性格來區分朋友和敵人。我們甚至可以熟練應用一些性格的測驗題，來將我們周圍的人加以區分。

而事實上，更多心理學家主張，一個人的性格需要我們花費更多的時間才能夠了解得更全面，特別有一些特質，它需要在一定的環境下才能夠表現出來，如誠實、善良和美德。而對青少年來說，他們的性格更善於依據情景和環境而變。譬如，青少年在圖書館裡會比在聚會上表現得更安靜。

第四章　性格與社交

■ 性格有好壞之分嗎 ■

雖然我們可以透過量表、問卷來了解自己的性格特徵，但是各類量表並不是標準，它只是透過一個模型去描述存在的事物，不是評價性的，更不帶有道德判斷，也不存在優劣之分。

如果我們認為外向的人更具有社交優勢，事實也的確如此，他們活潑開朗，喜歡交朋友，更容易適應社會；但這並不代表內向的人性格不好，會在社交能力上觸礁，這點我們會在後續的章節裡詳細說明。

研究發現，除了宜人性外，個體性格特徵要與工作職位所需要的人格特徵一致，譬如，工作需要這種特質，剛好你具備這樣的特質，才能有更高的收入。如果人們的宜人性、盡責性、開放性超過了工作需要的程度，他們並不會比與工作需要的程度一致的人群收入更多。

■ 關於性格的塑造 ■

性格可以塑造嗎？理論上是可行的。

正如我們前面提到的，人的氣質是一個人的行為風格和典型反應方式，它是人格的基礎，並且很難改變。然而性格卻不是，它需要我們花費更多的時間去觀察，它是可以被重新塑造的。

性格是由信念所塑造。如果一個人能夠付出足夠的努力和動力，一旦一個人的世界觀、價值觀發生變化，或是他的生活環境發生改變，那麼性格就可能隨之而變。如果我們觀察人類的進化史，就會發現，我們始終為了生存，一直在調整我們的性格，現在仍然如此。特別是當環境發生巨大改變時，人的信念就會從追求舒適轉變到確保生存，我們首先要活下去。對於青少年更是如此。他們正處於人生道路的岔路口，他們

正在對自己的一切開展全新的探索和嘗試，所以，他們性格的塑造性也格外得強。儘管天生的性格特質很重要，但是我們可以透過自身和文化要求來不斷塑造它。

按需轉變。當我們意識到自己有需求時，我們的性格可以適當地做出刺激感應性反應，心理學家斯托夫・彼得森現身說法，因為他了解自己內向的性格會對他的學術生涯不利，所以，他學會了在有需要的情況下，把自己變得外向，其他時候，他還是那個內向的人。所以，我們不要對自己和孩子妄加論斷，特別是給正處於發展中的孩子貼上「內向」的標籤，這反而給了孩子一個逃避社交場合的理由。

第二節　外向的孩子也有社交焦慮症

孩子害羞、不愛說話，怕見陌生人，見到陌生人會緊張，不喜歡聚會，家長都很擔心，孩子這樣的行為是不是社交恐懼呢？他們這樣的狀態會不會影響、限制他們未來的發展呢？

當我們提起社交恐懼症或者社交焦慮症、社交迴避症，首先出現的印象是，一個低著頭不愛說話的小男孩，見到人總是怯生生的、內向的、安靜的。這是我們對一個社交焦慮孩子的刻板印象，事實並非如此。

■ 社交焦慮症與性格無關 ■

社交焦慮症又稱社交恐懼症，是一種對任何社交或者公開場合感到強烈恐懼或者焦慮的精神疾病，最早在 1985 年被提出，近幾年逐漸被重

視。患者在陌生人面前，或者處於可能會被他人仔細觀察的社交場合，帶有一種顯著且持久的恐懼，有的患者甚至打電話、購物都很困難，嚴重影響了自己的生活。

所以，從社交焦慮症的描述中我們可以看出，社交焦慮症是一種對社交恐懼的感受，這與性格沒有必然的關係。

在我們的印象中，性格內向的人在社交中的表現總是害羞的、沉悶的，或者拘謹矜持的，他們可能是群體中最安靜的那個，但這並不代表他們在面對群體和他人的關注時，會有不合理的但卻無法控制的焦慮和緊張。

而外向的人，他們感情豐富又開朗有趣，他們在接受邀請時，總是會表達欣然前往的興趣，但這並不代表他們的內心不會充滿一波又一波起伏的緊張情緒，他們真的如表面看起來那樣灑脫和興奮嗎？他們沒有受到社交恐懼症的干擾嗎？並不是。

■ 每個人都可能有社交焦慮情緒 ■

反觀我們自身，我們有時也會出現類似的現象。

幾次拿起電話，還是不願意撥出去。在心裡掙扎一整天，最終並沒有把這個電話撥出去。

本來說好的聚會，從臨近日子時就開始糾結要不要去，最後還是沒去。

明明什麼事情都沒有，但是家裡有客人來的時候，還是找個機會溜出去了。

遠遠地看見認識的人，趁沒被發現，低頭溜走。

第二節　外向的孩子也有社交焦慮症

這些情況我們每個人可能多少都會遇到一些,甚至網路上經常會看到:一分鐘測試你是不是有社交恐懼症;有網友在一起互相傾訴、吐槽自己的社交恐懼有多麼的糟糕……但實際上,我們大多數人所出現的不想接電話、不願意聚會、看見熟人低頭走,只是在繁忙生活中、疲勞之後的一點社交恐懼情緒而已,並沒有達到心理醫生或者精神科醫生診斷的社交恐懼症的程度。

■ 青少年的社交恐懼症 ■

青少年的社交恐懼症與成人類似,他們面對體育活動、聚會、社會活動時,會出現持續的、不必要的恐懼。

他們非常擔心自己會做一些讓他人尷尬的事,會受到他人的指責,認為他們不夠好或者不夠優秀。這些孩子不斷有一種被人關注的感覺,總感覺自己被放置在舞臺上,總感覺自己在遭受他人的評判,這會讓孩子出現困惑、迴避。有的孩子只是害怕在公共場合演講、表演,還有一些孩子的社交迴避展現在避免各式各樣的公開場合,他們甚至會出現真正身體上的疾病反應,例如發冷、發燒、拉肚子。這些都與內向孩子表現出來的安靜、害羞、更多地關注自身的內在感受不同。

青少年的社交恐懼症一般在青春期初期開始,但是可能從小學階段就會有一些蛛絲馬跡。特別是當他們在社交受阻的情況下,譬如,經歷社交壓力或者社交尷尬後,他們的社交迴避現象會發展得更加迅速。據研究統計,在美國 15～24 歲的青少年中,至少有 4% 患有社交恐懼症,其中女孩多於男孩。在這些患有社交恐懼症的青少年中,有 75% 在 8～15 歲時就已經出現了社交恐懼症狀或者社交恐懼情緒。

第四章　性格與社交

是什麼導致了孩子的社交恐懼症

　　研究認為，社交焦慮症實際上是一種因恐懼而導致的結果，有社交焦慮情緒的人，他們總是會害怕自己不被同輩人群所接受，他們總是會害怕別人對他印象不好。從生物學角度而言，這是一種非常根本的，希望得到他人喜歡的需求。正是基於此，人們才會出現社交焦慮情緒。缺乏安全感，這是人類的天性。

　　社交恐懼症與遺傳有關。一些研究認為社交恐懼症與遺傳有關，有證據顯示社交恐懼症會在家庭中蔓延，如果家庭中有一位患有社交恐懼症的親屬，那麼孩子患有社交恐懼症的可能性會高達 2～6 倍。社交恐懼症甚至存在遺傳性，雖然我們尚未發現與社交恐懼症相關的特定基因組成，尚無法確定它的遺傳機率，但總體來說，猜想在 30%～40%。

　　成長環境也是重要的，可能導致社交恐懼症的一個因素。心理學家發現，社交恐懼症是可以學習的。事實證明，早期的創傷性事件是得到社交恐懼症的最直接的因素。被霸凌、取笑、受到打擊，這些雖然不一定是必要的觸發因素，但很可能為未來社交恐懼症的出現埋下了種子。即便是自身沒有經歷這種創傷性事件，作為旁觀者，一樣可能會受到影響。父母的焦慮也會傳遞，如果生活在一個母親總是擔憂他人對她的看法的家庭中，孩子患有社交恐懼症的可能性很大。

　　如果小時候沒有足夠的社交場合來幫助孩子學習社交技巧和提高社交能力，他們未來患上社交恐懼症的可能性更大。父母對孩子的過度控制、過度拒絕和過度保護，未形成的親密型依戀關係，都會讓孩子的內心成長面臨極大的風險，他們在過大的壓力下沒有辦法平靜和安撫自己，只能選擇逃避。

第二節　外向的孩子也有社交焦慮症

抑制型氣質的孩子，更容易罹患社交恐懼症。對新的事物排斥、恐慌、消極，適應新環境較慢，情緒不穩定，容易哭鬧、緊張，遇到陌生人總是沮喪、哭泣、退縮。存在這些情況的孩子，我們認為就是屬於抑制型氣質，這大多是天生的。當然，並不代表抑制型氣質的孩子一定會罹患社交恐懼症，雖然人的氣質很難改變，但是早期的干預、父母的教養方式都可以對這樣的孩子有所幫助。這樣的孩子約占總人群的 10%。

■ 家長能做些什麼 ■

儘早發現孩子的狀況。如果我們發現孩子經常說一些沮喪的話，譬如：

他們都不喜歡我！

我實在太蠢了！

有人說我有些焦慮。

或者我們發現類似這樣的一些狀況：

幼兒：他們看到新的東西總是很害怕、煩躁、愛哭、抱怨，特別黏人或者拒絕說話。

上學的孩子：害怕在班級同學面前大聲地朗讀，害怕跟其他小朋友說話，害怕在班級前面說話、害怕體育或者文藝活動，害怕去點餐，害怕朋友來家裡或者去朋友家裡參加聚會，害怕他人的眼光或者評價，拒絕去上學或者總是有身體狀況導致不能上學。

青少年：他總是很安靜，總是一個人，總是很被動，過度地關注負面評價，總是擔心，總有一些緊張的表情。在學校時，害怕回答問題，避免和同學接觸，害怕遲到，一個人吃飯，拒絕上學。在團隊中表現拘

第四章 性格與社交

謹，避免目光接觸，說話聲音很小，總是自言自語，總是處在班級的邊緣人物，等等。

我們需要對出現這些狀況的孩子加以關注，必要時進行干預。

如果我們的孩子已經罹患社交恐懼症，或者說他們經常出現社交焦慮情緒，除了帶他們尋求正規的幫助（例如，採用認知行為療法、遵循醫囑用藥）外，我們還能做些什麼呢？

積跬步至千里。對於年齡小一點的孩子，我們可以逐漸幫助他們掌握社交的方法，譬如，從餐廳點餐開始，給孩子自己點餐的機會，雖然孩子可能會用很多時間下決心，才能說出在心裡反覆出現的那個詞。還有可能經過幾次的嘗試，孩子還是很難自己說出需求，那麼我們可以嘗試從判斷題開始，譬如，你想吃漢堡嗎？讓他簡單地回答是還是不是。這是他們戰勝恐懼的一個美好的開始。

對於年齡大一點的孩子，比起說教和指責，更好的辦法是分享我們的社交經歷，幫助他們累積社交經驗，讓他們對自己有信心。我們可以做一些超出他們舒適區的嘗試，但這需要非常謹慎，最好是在醫生的指導下，由父母一同參與。

一、幫助孩子設定一個可行的社交目標。譬如，交一個新朋友，我們可以一起幫助孩子從朋友的選擇開始。我們可以從住在家裡附近又是同學的孩子中，找到一個。因為地理位置上離得近的因素，會讓他們有更多的話題和交集，給他們創造見面的機會。譬如，在孩子生日時發出邀請，讓孩子感覺到自己被同學歡迎、認可或者受到同學的關注，這會幫助孩子提高自信。

二、多做運動，哪怕是自己在跑步。有社交恐懼症的孩子需要放

第二節　外向的孩子也有社交焦慮症

鬆，但這並不容易。他們被一些莫名的擔憂搞得神經緊張，不僅僅是精神上，甚至會涉及身體上（肌肉僵硬、頭痛、噁心等）。我們需要鼓勵他們去嘗試一些活動，這些活動是不需要他們去面對他人的，是他們可以自己完成的，這會讓他們在與自我相處中，逐漸放鬆下來。譬如，繪畫、跑步、演奏樂器、瑜伽、做手工、寫日記等。

三、不要給孩子特殊化。雖然他們需要我們的關注，但並不代表我們需要給孩子特殊的權利。我們還要像對待其他孩子一樣對待他們，像給其他孩子期待那樣期待他們。

四、不要給孩子貼標籤。如果家長總是跟孩子說：你能不能開朗一點？你太害羞了。你是不是得了社交焦慮症了？你能不能像別的孩子那樣活躍點？這些標籤化的語言只會讓孩子繼續沉默下去，因為他們不知道自己該怎麼辦，也缺乏改變的勇氣，甚至會產生反抗心理。

五、調整期待。社交焦慮症通常和追求完美同時發生。無論是孩子對自身過高的期待，還是家長心中的期許，都會帶給孩子壓力。特別是一些個人能力很強的家長，他（她）的完美主義標準、過分的挑剔和苛責，會直接傳遞給孩子一個信號：你不行，你差遠了，你只能成功不能失敗。這讓孩子一直處於自卑和焦慮中，家長的要求成了孩子的壓力來源。最好的辦法就是，放下身段，跟孩子一起分享當年的自己，誰沒有過錯誤？誰沒有失敗過？一次失敗經歷的分享在拉近跟孩子的距離同時，也為孩子的內心注入了力量。

六、改變負面思想。有社交恐懼症的孩子，多數是把自己陷入負面思想中而不能自拔。譬如，我回答錯了怎麼辦？同學會怎麼看我？老師會怎麼看我？他們會不會告訴別人？大家都會開始嘲笑我了。我的朋友

第四章　性格與社交

會不會嫌棄我？那我再也找不到朋友了⋯⋯其實這些想法都是他的假想，但是孩子由於內心缺少正向的力量，而落入死循環裡出不來。我們需要給孩子注入正面的力量，讓他內心能夠朝著正面的方向思考問題，能夠有及時叫停負面想法的能力。這種正向能量的注入，與父母的教養方式、孩子的自信心建立、社交技巧的掌握都相關，家長可以從正面心理學的相關書籍中找到更詳細的指導方案。

第三節　內向的孩子也有社交法寶

在更多人的印象裡，內向與不愛社交總是畫上等號的。

內向的人：不愛聚會，不喜歡社交、害羞，說話臉紅，結巴，總喜歡待在家裡，有事都藏在心裡，最愛的活動是宅著，喜歡安靜，喜歡獨處，保守，膽小⋯⋯這些特點把內向的人帶到了人群的外邊緣，讓他們成了不合群的那個人。

作為家長，當我們看到孩子見到陌生人總是怯生生地藏起來，不愛說話甚至不說話，拒絕或者不跟人打招呼⋯⋯我們都會暗暗地在心裡蹦出一句：完了，這孩子是個內向的孩子，以後可別吃虧啊！

我們再看另一組描述：

- 具有更強的專注力和觀察能力。
- 擁有豐富的內心生活，樂於獨處。
- 熱愛學習，深入思考，擅長創造性新思維和藝術創作。
- 情商高，態度謙遜，善於傾聽。

第三節　內向的孩子也有社交法寶

- 有韌性，易養成良好的健康習慣。
- 這是美國著名內向性格研究專家蘭妮博士對內向的人的描述，我們也可以用下面的方法簡單地解釋給大家。
- 具有更強的專注力和觀察能力 —— 因為話少，所以專注。
- 擁有豐富的內心生活，樂於獨處 —— 因為內向，所以喜歡獨處。
- 熱愛學習，深入思考，擅長創造性新思維和藝術創作 —— 因為獨處，所以有時間思考。
- 情商高，態度謙遜，善於傾聽 —— 不缺朋友。
- 有韌性，易養成良好的健康習慣 —— 因為聚會少，干擾少，所以容易堅持。

是不是感覺內向的人也很可愛了呢？

▌ 內向的人並不是都長一個樣 ▌

內向的人並不一樣，心理學教授喬納森·奇克曾提出內向的人的4種分類。

一、社交內向。他們更喜歡在家單獨活動。當他們社交時，他們會更喜歡小的團體組合。他們之所以拒絕聚會，可能是因為內向的人需要透過獨處來獲取內心的能量。對他們來說，與其參加聚會，不如在家喝一杯咖啡、讀一本書來得自在和逍遙。他們的內向與焦慮、害羞都不沾邊，對他們來說，聚會永遠是一種消耗能量，而不是充電。

二、焦慮內向。他們總是處於一種社交焦慮中 —— 即便是自己一個人在家。他們類似於社交焦慮症，總是擔心他人的關注，又總是在意他人的看法，總是感覺自己做得不夠好。他們關注社交，但是缺少社交技

巧，缺乏社交信心。

三、思維內向。他們總是在沉思和內省，他們這種類型的人不會表現出對社交機會的反感，相反的他們可能跟人談笑風生、人緣極好，但比起與人高談闊論，他們更喜歡花費更多的時間在內省和自我反思上。他們願意花費時間，思考有深度的問題或者沉醉於自己的幻想世界中。

四、抗拒內向。他們總是缺乏主動性，行動太少，想得太多。他們喜歡有條不紊，拒絕臨時的約會。如果在下課前約他們吃飯，那麼99％的可能他們都會拒絕。突如其來的安排讓他們感覺很不舒服，他們更喜歡按部就班地活在自己安排好的生活中。

▌ 內向的人的友誼 ▐

一、交朋友並不容易。對一個內向的人來說，交朋友的確不是一件容易的事情，一個內向的孩子，他們不會像外向性格的孩子那樣輕而易舉地開始一段友誼。交友的難不是難在他們不會社交，而是對內向的人來說，「友誼＝時間」，他們需要花費更多的時間和精力來安頓好這份感情，這是一種精力上的消耗，這可能會影響他們有規律的生活，減少他們思考和獨處的時間，這對他們來說是一個慎重的決定。

二、朋友不會太多。對內向的人或者內向的孩子來說，他們看起來可能沒什麼朋友，或者很少出去聚會。但這並不代表他們沒朋友，缺少朋友圈。他們一樣有自己的閨密和死黨，只不過他們不像外向型的人需要那麼多朋友，會在聚會上花費那麼多的時間和精力。因為對他們來說，一週7天，其中3天有朋友的陪伴就已經足夠了，剩下的大多數日子，他們更想安靜地待在家裡，或者自己出去走走，給自己充充電。

> 第三節　內向的孩子也有社交法寶

三、人群中的聆聽者。內向的人不喜歡成為被關注的焦點或者話題討論中的中心。當他們參加朋友聚會時（雖然這種情況並不多見），他們表現得很安靜而且沉默是很正常的。他們會坐在一旁，成為最好的聆聽者，更不會去互相吹捧或者顯示自己的成就。對孩子來說，被當成啞巴也不足為奇，因為他們更想隱藏自己。特別是當他們感覺疲倦時，或者活動過多、參加活動人數過多時，他們保持安靜的狀態會更加明顯。

四、不同的社交風格。如果我們把談笑風生作為社交技巧一流的標準，那麼內向的人可能很難達標，但是他們是最好的傾聽者。他們很細心，很少打擾正在說話的人，並且會恰如其分地與說話者進行眼神交流。當輪到他們發表意見時，他們能夠表達出內心的想法。他們不喜歡閒聊，因為這對他們來說是一種體能上、精神上、時間上的消耗。他們寧願選擇什麼也不說。雖然大多數時，他們都是安靜的，但對於他們感興趣的話題，他們會饒有興趣地談上一陣，這時我們會感受到，原來內向的他們是那麼的有想法，思考得是那樣的有深度。

五、語言表達能力。如果可以選擇，內向的孩子更喜歡用書寫來代替表達。他們說話的風格可能會被認為是緩慢的、笨拙的、反應不及時的。這是因為他們需要更多的時間去思考怎麼回應問題，有時甚至會在頭腦中反覆斟酌一個詞，這讓他們會在表達時常有停頓。

六、情緒和情緒反應。內向的人和陌生人在一起時，會消耗他們的能量，他們會在情感上筋疲力盡。特別是性格內向的孩子，他們在人多的地方待久了之後會變得脾氣暴躁和煩躁。即便是不反感社交的內向的人，他們在參加聚會之後，也會感覺很累。所以，如果內向孩子的父母，總是想用增加社交活動來提高孩子的社交技能的話，太滿的時間表會把他們壓得喘不過氣來。

第四章　性格與社交

▎內向人的優勢 ▎

一、深入的思考能力。正如前面提到的，內向的人在喜歡的事情上絕不吝惜時間，他們喜歡深入透澈地探索自己感興趣的主題，並且可以長時間專注地做一件事。這也是他們不喜歡出門、不喜歡社交和被打擾的原因。他們非常看重自己的內心世界，包括感知、思想、觀念、信念和感覺。

二、心細善於觀察。他們看起來呆呆的，這並不代表他們內心戲不足。他們對周圍發生的情況非常了解，他們會注意到外向型的人沒有關注到的細節。但是他們並不會很快就發表意見，或許需要回家沉思一段時間，幾天或者幾週以後，等他們準備好時，自然會回應。

三、他們耐得住寂寞、善於堅持，如果他們願意，可以成為商業奇才（比爾蓋茲、祖克柏、賈伯斯）、著名影星（周星馳、梁朝偉）等，這些職業與內向並不矛盾。

▎家長能做些什麼 ▎

一、放下焦慮。當我們面對一個內向的孩子時，我們無須過度擔心他會不會沒有朋友？被人嫌棄？甚至孤獨終老？其實，孩子一個人在屋裡玩得好著呢，他正在享受一個人的快樂時光。我們所有的擔心都是我們自己給的，與孩子無關。是因為我們對孩子沒有足夠信心，才會擔心孩子會出現我們假設的問題，這是最典型的庸人自擾。放下這顆焦慮的心，用心觀察自己的孩子，和孩子一起快樂地活在當下，這才是最適合做的。

二、接納孩子。如果我們總是想把番茄變成蘋果，那麼恐怕只有魔法能滿足我們的需求。內向的孩子，就是那個番茄，看起來軟軟的，實

際上很有內涵。內向性格的成因結合了社會因素、家庭因素、遺傳因素、教育因素、文化習俗等多方面，作為家長，我們無法改變孩子，或者說，與其改變孩子，不如接納孩子本來的樣子，或許會收穫另一份驚喜！

三、不過多干涉孩子。內向的孩子總是讓人感覺溫吞吞的，特別是在社交場合，這會讓很多父母抓狂，很想在後面推他們一把，讓他們衝向人前。但我卻鼓勵家長反而應該退後一步。因為內向的孩子需要自己獨處的時間，他們不是不懂，而是不願意或者不需要。那我們為什麼不隨他們去呢？

第四節　孤獨的成長

一個人待在家裡讀書、聽音樂、休息、鍛鍊、繪畫、做手工、玩遊戲、上網追劇……

作為家庭裡的獨生子女，從小就要面對獨自一人的現實。他們孤獨嗎？

越來越多的調查認為，青少年和青年人時期比任何一個年齡階段的人更孤獨。他們雖然被學校、朋友、家長、體育活動、社交等等充斥著生活，但是他們的感覺甚至比老年人還要孤獨。

英國廣播電臺 BBC 的一項針對青年人的調查發現，10 個人裡面有 4 個人在與孤獨共處。他們描述了自己正在經歷被誤解、傷心、害怕錯過、沒有人可以交流、與世界脫離的感受。

第四章　性格與社交

■ 什麼是孤獨 ■

　　孤獨是一種主觀的感受。它是一種自覺與他人或者社會疏遠、隔離的感覺和體驗，是非客觀的狀態。

　　「孤獨就像身處在茫茫太空，一種空虛感，無論你有開心的事還是不開心的事，都沒有人可以傾訴。」這是 2018 年 BBC 在一項面向全球各地 55,000 人的調查中，一個女孩對孤獨的描述。

　　孤獨與外在環境無關。無論是身處人群還是獨自一人，孤獨感都不會改變。孤獨是一種與他人無法連結的感受：無法獲得理解，無法被滿足，無法與人進行情感交流。

　　孤獨不是內向人的專屬。「即便有很多朋友，看起來很開朗的人，還是可能感覺孤獨。」加利福尼亞兒童健康委員會凱蒂·里弗斯說。的確，那些看起來有很多朋友的青少年也會同樣面臨孤獨感。

　　「我也不是不能跟人聊，我也有朋友，但是我並沒有辦法或者也不想跟他們分享我心裡的真實想法，我覺得他們不會理解。」這是一個 16 歲的女孩對自己孤獨感的描述。

　　他們缺少有效的交流，或者他們缺少需要的交流。青少年是一個矛盾的年齡，他們容易被同伴誤解、被父母不理解，這讓他們感覺自己處處被孤立。

　　反之，內向的人面對孤獨可能更為平靜，他們更喜歡孤獨，他們喜歡一個人獨自打發時間，而不必強求自己出門應酬，孤獨對他們來說更像是一次休息或者是充電。

第四節　孤獨的成長

■ 孤獨會有哪些影響 ■

一、情緒低落。孤獨的人容易陷入負面思維裡無法自拔，會增加憂鬱和自殺的風險。

二、睡眠不足或者睡眠不好。長期睡眠不好還會導致注意力不集中、情緒持續低落、認知障礙，甚至是身體健康問題。

三、無法自制。情緒的低落容易引發暴飲暴食、飲酒、吸菸，甚至吸毒的行為，這些行為繼而會引發一系列身體上的後果，如肥胖、幻覺、成癮症（吸菸成癮、酗酒等），免疫系統出現問題，甚至有感染更嚴重病毒的可能性。

四、降低幸福感。長期的孤獨會對人的身體、內心產生嚴重威脅，嚴重影響人們生活的幸福感。

■ 孤獨都是不好的嗎 ■

有研究者並不這樣認為，反而覺得孤獨會改善我們與他人的關係。社會神經學家約翰·卡西奧普認為，孤獨感是人類進化的產物，其目的在於促使我們改善與他人的關係。他認為，人類只有感受到孤獨，才會促使進一步地接觸他人和社交活動。人類一直以群居生活來保持生存安全，因此與人保持連結是一種生存本能。

孤獨會增強同理心。有研究發現，處於孤獨狀態的青少年，他們的同理心是有所提高的。雖然面對孤獨是一種挑戰，但是它會讓人學會從他人的角度看待問題，讓人更加敏感細膩，更容易理解他人。

第四章　性格與社交

■ 青少年為什麼會感覺孤獨 ■

一、親近的人離開。不僅僅對青少年，對成人也是如此，親近的人突然離開──死亡或者分手、搬離城市、轉換住所、更換學校、升學，這些都會讓青少年的生活發生重大變故，讓他們離開原本熟悉的環境、原本親近的人，這會讓他們感覺疏離，帶來孤獨感。

二、被同伴排斥。正如前面章節提到的，青少年在社交上被拒絕、被欺負或者被忽視，都會讓他們產生自己被排斥的感覺，這讓自尊心很強的青少年感到孤獨、情緒沮喪甚至傷心絕望。據統計，有接近50%的被忽視的學生感受到了孤獨感。

三、青少年的情感更為敏感。青少年正處於青春期，他們在熱烈地追尋自己的同一性，極度渴望與人連結，透過同伴來找尋自己的身分和在這個世界上的位置。他們本身就處於充滿壓力和相對混亂的時期，處於情感的敏感期，沒有辦法像成人一樣客觀地分析自己，擁有強大的忍受孤獨的能力，所以，他們更容易感覺自己被遺棄，感覺自己很孤獨。

四、孤獨是青少年的特點。「我從未見到一個不感覺孤獨的青少年」。研究青少年心理的心理醫生羅特韋勒說。青少年需要留一點時間給自己，去面對這段獨特的成長時光。孤獨給了他們時間去思考自身價值，這有助於他們完成自我認同和自我認知。他們需要這份孤獨，逐漸脫離原生家庭，幫助他們建立真正的自我認同感和獨立性。

■ 社群軟體與孤獨 ■

社群軟體讓我們更加孤獨。也許我們感覺有了Line、Facsbook、Youtube、Instagram等社群軟體之後，我們似乎與親人和朋友的距離更近

第四節　孤獨的成長

了，我們只需拿起手機就可以呼喚地球另一側的那個人，但實際上根據研究發現，社群軟體的出現讓人們更加孤獨。

研究認為，人與人之間的孤獨感不會因為鍵盤而改變。雖然網路上的虛擬世界為青少年提供了更多的交流管道，但是它仍沒有辦法替代面對面的交流。

2017年，《臨床心理學》雜誌上發表過的一篇文章指出，青少年心理健康問題和自殺現象的激增與智慧手機和其他媒體使用量的增加直接相關。

社群軟體的影響也並不總是壞的。社群軟體因為它的獨特性，可以作為一種資源，幫助青少年快速建立聯繫，幫助青少年緩解孤獨感。特別是當一些青少年感覺，面對面的交流有些尷尬或者排斥甚至畏懼時，社群軟體就提供了一種便捷的、舒適的接觸方式。

社群軟體可以透過「群」的方式，讓青少年因為特定的喜好而聚在一起。這種有共同目標的組織，更容易讓相似的青少年在網路上相遇，讓他們有更多的共同話題，幫助他們建立與他人的關係。但是也有研究表示，越來越多的網路社交群的建立，讓青少年感覺到了社交壓力，和不得不面對的社交互動相比，這會讓他們想要逃離。

■ 家長能做些什麼 ■

一、不要大驚小怪。當孩子向我們傳遞孤獨情緒時，我們不要表現出焦慮和震驚。每個青少年都需要去面對一些生活的變故，譬如，朋友的衝突、好友的離開，甚至與自己的衝突。這些變動的時刻，也是他倍感孤獨的時候。我們驚慌失措的情緒只會讓孩子的情況感覺更糟。平靜

地詢問孩子是否需要幫助。如果孩子只是傳遞他的情緒，那麼我們只需表示接納，並願意做他的陪伴者和傾聽者。

二、讓孩子多走出去。能與他人接觸，是消除孤獨感的關鍵。待在家裡一定不是解決問題的好辦法。鼓勵孩子出門，跟同學一起，或者參加社區的志工活動都是不錯的辦法。當我們幫助他人時，也是在幫助自己，讓孩子透過志工活動與他人建立起連繫，他人的感激之情也會緩解孩子的孤獨感。

三、養個寵物。有條件的家庭可以給孩子一個寵物。有關寵物對情緒健康價值的研究有很多，寵物可以幫助人緩解不良的情緒和幫助與他人建立連繫，寵物本身還可以提供情感支持，照顧寵物也能增強孩子的責任感和快樂感，讓他們感覺有所依傍。

四、孤獨並不可悲。孤獨是一種常態，每個人都會有或長或短的孤獨時刻，這也是人生的一段難得的經歷。這些道理我們可以用分享的方式傳遞給孩子，讓他們知道孤獨並不可悲，也不可恥，不要把孤獨和「沒有人喜歡我」、「我是不值得的」這些負面的想法連結在一起，這是我們頭腦在誇大孤獨本身的作用。最好的方式是接納孤獨，也是接納自己。

五、找到一個樂趣。讀書、繪畫、看電影、寫作，這些都是打發孤獨時刻的最佳愛好。讀書可以豐富見識，繪畫可以表達情緒，電影可以放鬆精神，寫作可以記錄生活。沉浸於喜好的過程，可以幫助孩子從孤獨的痛苦中走出來，改善孩子的情緒。

總之，我們每個人終將孤獨，這是每個人人生的一份功課。

第五節　自卑的孩子

我們每個人或多或少都會有這樣的感受：

對自己剛剛做的決定感到懷疑；對自己的行為不滿意；對自己說的話後悔；期待自己可以更好一點……即便是最自信的人，他們也會有對自己不滿意的地方，例如身高、外貌、形象、家世、能力、學歷、業績、金錢……理想中的樣子和現實的我們總是有那麼一點或者一些差距，當我們對「現實的我」不滿意時，自卑就產生了。

什麼是自卑

20世紀初，心理學家阿德勒提出了自卑的概念，並撰寫了一本經典著作《自卑與超越》。

他認為每個人都有自卑心理，因為孩子的生存完全依靠成人，所以相較於他們依賴的成人，他們感覺自己極其無能。這種虛弱、自卑的情感，激起孩子追求力量的強烈願望，進而不斷地克服自卑感，所以他認為，每個人克服自卑感的動力，是不斷推動人類社會發展的力量。

阿德勒的自卑學說得到廣泛的討論和認同，但隨著心理學的逐漸發展，心理學家認為，自卑感不僅僅來自兒童時期的經歷，它還源於很多因素，如童年經歷、成人時期的經歷、人格特質、文化……

自卑與自尊

我們在第一章曾提到自我評價，即自尊。自尊是自己對自己的看法，當孩子對自己屬於某類人感到滿意時，他們會有高自尊；他們能看

第四章　性格與社交

到自己的優點，同時也能看到自己的缺點，並覺得自己有能力克服。相反，低自尊的孩子總是不太喜歡自己，他們總是糾結於本身的缺點而忽視自己的優點，總覺得自己比他人差，這也就是我們目前所談的自卑。

信心就像是我們隨身攜帶的一款香水，它是一種正向的感覺，它讓孩子正面地思考，當孩子確定想要某些東西時，他們會選擇積極地表達自己的需求，這是對自己也是對他人的一種信任。

但是當我們自卑時，我們沒有給自己一個正確的評估，我們看不到自己的自我價值，我們缺乏信心。

作為成人，我們仍然會記得自己十幾歲時的自卑感。我們總是感覺自己是笨拙的，我們還不夠了解自己，也並不信任自己；我們會為了他人的一句話而徹夜難眠；我們會因為怕人笑話而不敢發出自己的聲音；因為擔心自己的能力而放棄了自己喜歡的運動；因為對自己身材的不自信而放棄舞蹈……

不過隨著年齡的增長，在我們逐漸走過那段自我否定和自我重建的時期之後，我們成了現在的我們。如今，輪到我們的孩子了。

■ 是什麼引發了孩子的自卑 ■

一、生活的鉅變引發自卑。青少年時期是鉅變的時期，對孩子來說，青少年時期充滿了挑戰——新的學校、離開的朋友、新的人群。他們的生活發生巨大變化的另一面就是隨之而來的壓力、擔心、不確定的恐懼。在此時，任何小的事情都可能會引發他們的焦慮。這些焦慮阻礙了他們正面思考的能力，讓他們陷入負面地自我否定的情緒裡，自卑就隨之而來了。

第五節　自卑的孩子

二、多重壓力引發自卑。同伴壓力、社交壓力、家長壓力、升學壓力、情感壓力，這些都加劇了青少年的不安全感。他們擔心自己的成績不夠好，擔心父母對自己不滿意；他們寧願獨自一個人，擔心自己被拒絕；他們害怕失去朋友，覺得自己缺乏魅力；他們總覺得自己到處不對，個子不夠高、腿不夠長、身材不夠好、看起來不夠有吸引力。總之，在複雜的壓力情況下，他們無法正視自己，無法對自己有一個客觀的評價，進而引發了自卑。

三、同一性的追隨引發自卑。青少年時期是迷失自我的時期。這段時期的孩子，他們並不知道自己是誰，自己要什麼，自己將走向何方。他們處於混亂期，一邊否定過去的自己，一邊追尋理想中的自己，這段自我推翻和自我重建的時期，這些不確定性，讓他們的信心頗受影響，也動搖了他們的安全感。在動盪中，他們變得敏感，任何的風吹草動都會觸及他們的神經，引發自卑。

四、自我效能感低引發自卑。自我效能感是指一個人對自己是否有能力完成某一項任務的預測和判斷，自我效能感越高的人，越相信自己可以完成某一項任務。反之，自我效能感低的人，越不自信，做事情總是畏縮不前，情緒化地處理問題，在壓力面前束手無策。容易自卑的青少年，大多是自我效能感低的孩子。

■ 自卑對孩子的影響 ■

正向的自尊對孩子很重要，因為這可以鼓勵孩子不斷去嘗試新事物，並願意承擔風險和積極地解決問題。這有利於他們的成長和學習，也有助於他們為自己的未來做好準備。

第四章　性格與社交

　　具備高自尊特質的孩子，他們的特徵是獨立、成熟，為自己的成就感到自豪，接受挫折並負責任地處理，願意嘗試新事物和迎接挑戰，願意幫助他人……

　　相反的，低自尊或者說長期處於自卑感狀態下的孩子，會帶來很多問題。憂鬱、自殺、厭食症、犯罪，都與長期的自卑感有關。當然，這些並不是僅僅取決於低自尊，也關乎於其他條件，但是當自尊與很多壓力事件混合在一起時，青少年的問題就會加劇。

■ 低自尊對青少年社交的影響 ■

　　一、自卑的人不願相信他人。友誼中，最重要的一部分就是信任。而低自尊的人恰恰很難相信他人，因為他們連自己都不相信。他們總是認為他人會在背後議論自己，嘲笑自己，他們不相信自己有被愛的條件，他們看不到自己的價值，所以不相信他人會信任自己、喜歡自己。

　　二、自卑的人會拒絕友誼。因為自卑，怕被人拒絕，所以自卑的人會選擇先去拒絕他人。我們往往會看到一些獨來獨往的孩子，在一個渴望社交和同輩陪伴的年齡，他們卻選擇了獨來獨往，這是一種自我封閉和自我防禦，用這種形式來拒絕他人對自己的傷害。這麼做，只會讓他們不斷地錯失友誼，陷入更孤獨、更自我封閉的惡性循環中。

■ 如何幫助我們的孩子 ■

　　《自尊》一書指出，自尊是人們不可或缺的情感因素，它來自我們的童年時期，來自父母的疼愛、老師的肯定與鼓勵、同輩間的認可與歡迎。

第五節　自卑的孩子

除此之外，我們還可以透過一些方式，來幫助我們的孩子。

一、正向的交流方式。在與孩子交流時，我們應該盡量採用正向的詞彙，這樣傳遞給孩子的訊息也是正向的。如果我們過分苛刻，這會讓孩子覺得他們還是做得不夠好，或者認為他們做錯事了。這會加重孩子對自己的負面評價。如果我們總是關注孩子正面的表現，並及時給予肯定和鼓勵，這也是在為孩子做一個正向人生的模範。

二、設計一些小的課題，讓孩子來獨立完成，增加他們的自信。自信可以透過每一天的努力來不斷提升。在家裡找一些對孩子有一定挑戰的事情，交給他們去完成，調整他們的積極性，或者在他們成功完成後，我們可以給予他們一定酬勞。這會讓他們有成就感，每一個完成的課題都是一次激勵，都在給他們的自信心加分，提高自尊。

三、不要追求完美。我們要看到孩子的努力，而不是結果。追求完美，只會讓孩子感受挫敗，這對他們沒有什麼好處。相反的，讚美他們的努力和努力之後取得的成就，反而會激勵他們不斷地去接受挑戰，這對孩子的自尊是有幫助的。

四、鼓勵孩子去尋找適合自己的團體。在適合自己的團體中，才能發出最耀眼的光芒，鼓勵孩子根據自己的興趣參加活動。不要怕耽誤時間，多花些心思去尋找，一定會找到適合孩子的團體。

第四章　性格與社交

第六節　被動的人到底在想什麼

　　被動的人總是試圖避免正面衝突，他們很隨和，但是隨和中透著冷淡。他們不會用激烈的方式表達自己的觀點，如果知道會產生衝突，他們寧可選擇保持沉默，大多數時候，我們感覺不到他們的強烈意見。

　　被動是一種人格特質，或者說是一種個性，被動中透著他們對世界的看法和對權利的感覺。

　　例如，他們把自己的未來留給「命運」：不需要太努力，努力也沒用，還是看命吧。

- 他們更喜歡「隨緣」的關係：該來的總會來，求也求不到。他在乎我就找我咯，他不找我又能拿他怎麼樣？
- 他們有些悲觀：為什麼壞事總是發生在我頭上？我沒有資格的，我沒有錢又沒有本事。
- 他們把失敗和命運混為一體：這種事就不該屬於我，算了。
- 他們認為運氣是成功至關重要的因素：好運怎麼會降臨在我頭上？
- 他們不太喜歡直接表達自己的需求：嗯，或許是吧，可能是這樣的。
- 他們看起來很謙虛：我可能錯了，我不是專家，但也許……
- 他們容易猶豫不決：這兩種都有優點……
- 他們常把他人的需求放在第一位：我什麼都可以，你先來。
- 他們常常口是心非：因為他們擔心說出自己真實的想法，對方會不高興。他們不敢表達自己的想法。

第六節　被動的人到底在想什麼

■ 被動的原因是不敢主動 ■

在社交方面，他們多數有社交焦慮症。對他們來說，「主動」邀約是一件非常困難的事情。因為「主動」意味著有可能「失敗」——被他人拒絕。在他們看來，被人「拒絕」是一種會帶來恐懼和焦慮的事情。他們渴望和人親近，建立連結，但是又擔心他人會不喜歡自己、拒絕自己。所以，為了自我保護，他們選擇被動地接受，來避免自己的恐懼和焦慮。

一、他們有些自卑。正如我們第五節提到，被動的人有時也是自卑的人，他們沒有看到自身的價值，對自己評價過低，覺得自己不配去爭取、不配去擁有需求。他們不去提意見，凡事配合他人，順從他人的安排，實際是對自己需求的一種忽視和漠視，是他們對自己的不接納。

二、自我意識過剩。他們過分在意和過分解讀他人的「拒絕」，其實是一種自我意識過剩的表現。自我意識並不同於之前我們提到的自我認知，自我認知是指有意識地了解自身的思想和情緒，但是自我意識是自我認知的加強版，是對自我的過分關注，是指一種無比強烈地感覺到自己的狀態。在這種狀態下，他們有一種「每個人都在看著我」的感覺，這讓他們自覺性很高，但是這會限制他們的發展。

在這種「被監控」的狀態下，他們容易變得畏首畏尾，他們反覆思量自己說的每一句話，生怕說錯話、做錯事，他們顯得拘謹而被動，因為他們缺少安全感。他們時刻在思考：是不是我哪裡做錯了？是不是我做的他們不認同？完了，人家根本不想理我……

所以，在社交上，被動的人看起來也是內向的、話少的，但是這並不是內向的性格導致的，他們背負著巨大的包袱——他人怎麼看我，這讓他們經常顯得緊張而不安，因為他們一直處於思考的煎熬之中。

第四章　性格與社交

■ 被動可能源自遺傳 ■

在嬰兒時期，我們就可以看到孩子氣質的不同。

1. 容易型兒童：這類孩子一般處於正向的心境中，他們容易適應新的體驗、新的環境，較快建立日常活動的規律。

2. 困難型兒童：這類孩子對很多情景都採用負面的回應，接受新環境較慢，會出現逃避的傾向，需要花較長的時間來適應環境。

3. 遲緩型兒童：這類兒童活動程度較低，稍微有點負面，情緒強度較低。

這是早期氣質研究者對兒童氣質類型的分類。之後，哈佛大學的兩位心理學家又提出了一種氣質分類。

1. 抑制型兒童：在面對不熟悉的人和事物時，會顯得拘束和被動，並表現出逃避的傾向。他們不會主動探索新環境和陌生的事物，且需要花較長的時間來適應環境。他們看起來安靜而小心翼翼，會緊張、害怕，會壓抑自己的行動。

2. 非抑制型兒童：不太容易緊張和害怕，他們在面對陌生的人和事物時，會顯得開心，願意主動去探索，不會壓抑自己的行為。

這幾種分類中，困難型兒童、抑制型兒童都是被動的孩子。

雖然從兒童到成人，氣質是穩定的、連貫的，但是透過後天的努力，特別是父母教養方式會對孩子的氣質產生影響，可以讓孩子從被動變得更主動一些，但是很難變成非常主動的人。

第六節　被動的人到底在想什麼

■ 性別的刻板印象 ■

孩子在 2 歲左右，就已經可以明確地表達自己的性別，2.5～3 歲時，孩子幾乎全部都可以正確地說出自己是男孩還是女孩。這時，他們性格的刻板印象就逐漸開始了。

譬如，他們認為女孩會喜歡洋娃娃、留長頭髮、做家事、煮飯，男孩會喜歡玩汽車、火車，喜歡說「我會打贏你」之類的話。

等到孩子小學畢業之前，他們對性別的刻板印象已經跟成人差不多了。他們認為女孩更柔弱、情緒化、被動和世故，而男孩更具有野心、堅定、好攻擊、好支配。

孩子會遵從性別的刻板印象來要求自己嗎？根據研究發現，孩子在 3～7 歲時會依據刻板印象來完成自己對性別的認同，他們會嚴格遵守性別角色的標準，到了 8～9 歲，孩子開始變得靈活，但成人還是會鼓勵孩子遵循傳統的性別角色期望，並將這種刻板印象延續下去。到了青春期，男孩、女孩進一步發現，只有遵循傳統的性別期待，才能更順利地迎來他們期待的情感。

■ 家長能做些什麼 ■

如果被動並沒有嚴重影響孩子。被動和主動就如外向與內向性格一樣，沒有絕對的好與壞。所以，如果我們的孩子是被動的個性，並他沒有感覺到什麼不舒適、不對勁，那麼就讓他遵循內心，繼續成長即可。

如果我們想培養一個「主動的孩子」。也許我們不能讓被動的孩子變成主動的孩子，但是我們可以讓原本被動的孩子更主動一點，或者保護好孩子的天性。

第四章　性格與社交

一、我們要給孩子一個可以被接納的環境。雖然我們很期待孩子能夠更好一點，但是對孩子過於苛責，反而會讓孩子變得畏首畏尾，會抹殺掉他們探索環境的天性和勇氣，讓他們總是對自己的能力懷疑，對自己的評價過低。我們要給孩子一個輕鬆、支持的成長環境，允許孩子犯錯，接納孩子的各種行為，讓孩子更關注自己的需求，鼓勵孩子表達自己的需求，為自己發聲。

二、我們要鼓勵孩子。鼓勵孩子走出去與人交往、更主動地表現自己、主動地面對問題與解決問題、主動地去嘗試，並且在他們每一次「主動出擊」之後，都給予正向的讚賞。當孩子逐漸在嘗試中有所收穫時，譬如，交到了朋友，自己的需求得到了滿足，他們就會越來越趨向於主動。

第七節　羞答答的玫瑰靜悄悄地開

有的孩子喜歡新的環境，新的環境就像一塊未開墾的處女地，讓他們有機會在上面肆意馳騁，尋找自己的新朋友。

有的孩子卻是另外一個樣子。

就像我，從小就是安靜和害羞的。在陌生的場合總是充滿了慌張無措感，即便是和熟悉的人在一起，也需要一些時間才能開始交談。這種「認生＋慢熱」的個性，就是害羞的一種。

> 第七節　羞答答的玫瑰靜悄悄地開

▓ 什麼是害羞 ▓

- ▸ 害羞觸及生活的各方面。
- ▸ 害羞的人害怕當眾說話 ── 上課時，老師一提問，不管自己會不會，就會把頭低下的那個人。
- ▸ 害羞的人害怕見到人（無論熟悉還是不熟悉）── 那個見到女同學就臉紅的傻小子。
- ▸ 害羞的人總是口是心非 ── 去朋友家做客，即便肚子已經餓得咕咕叫，朋友端來零食，還是會不好意思地說「不用、不用」。
- ▸ 害羞的人不願意開口求人、最怕開口說話，當遇到需要跟陌生人互動的活動，害羞的人幾乎會消耗掉全部的能量……

所以，害羞不僅僅是一種情緒，還是一種不舒服、膽小、尷尬、緊張、不安全，甚至有些恐怖的感覺，通常發生但不局限於新環境、陌生人出現時，它會從各方面影響一個人的生活。

而且，害羞是人類共有的一種特質，具有普遍性和人群分布廣泛性的特點。心理學家津巴多教授的團隊對近萬人進行了害羞調查。在接受調查的人中，超過 80% 的人表示，在他們的生命歷程中，曾經經歷過害羞，正在體驗害羞，甚至是經常感到害羞。在接受調查的人之中，超過 40% 的人認為他們現在是害羞的。這意味著我們每遇到 10 個人，就會有 4 個人正在體驗、經歷害羞。

▓ 應對新事物時，害羞會出現 ▓

陌生的情況會帶來害羞，譬如，小朋友第一天上學、參加學校的活動或者第一次在全班同學面前說話，這些情況下都有可能感到害羞。當

第四章　性格與社交

人們不確定他人會如何反應或者被人關注時，害羞的情況就會發生。當人們可以預知接下來會發生什麼，明確地知道要做什麼、說什麼，或者在熟悉的人之間，害羞的情況就會大大減少。

害羞的人在面對新事物時，通常會有些猶豫。他們通常會採用觀察的狀態，來看一下周圍的人都是如何開始說話的，或者如何融入氣氛的。他們需要一個相對較長的時間，來讓自己做好面對的準備。

譬如，在第一次上課前，老師會透過點名的方式來認識每個孩子，害羞的孩子從老師開始叫第一個人的姓名時，就開始進入緊張狀態，直到點到他並回答「有」之後，他才會長舒一口氣，從緊張的情緒中把自己釋放出來。整個過程中，他承受著巨大的壓力。

■ 更嚴重的害羞 ■

跟其他情緒類似，害羞也有輕微、中等、強烈不同的程度，具體取決於害羞發生的情況和對象。大多數害羞的人，都處於輕度至中度的範疇。他們經常會在特定場合、特定情況或者與特定人群一起時，感到害羞。

害羞的人，他們會認為自己是害羞的個性，他們在大多數情況下，都需要更多的時間去適應新的變化，他們更願意生活在熟悉的狀況裡。但實際上，更為常見的情況是，他們的害羞是缺少社交技巧或者是缺乏自信心，他們需要一些技巧，來應對這些陌生的場合。

害羞程度嚴重的人，會伴有社交焦慮症。在這種情況下，他們會刻意地與人保持距離，避免與人交往，盡量迴避社交場合。正如前面章節提到，他們通常非常關注他人的看法，具有較高的自我意識，他們渴望

第七節　羞答答的玫瑰靜悄悄地開

與人連結又害怕被人拒絕，在這種糾結的心態下，他們經常會做出主動拒絕或者主動破壞關係的行為，以防止自己與他人越來越親密。

■ 為什麼害羞 ■

研究者認為害羞可能來自很多不同的原因，如遺傳的影響、孕期母體對胎兒的影響、孩子成長環境的因素（如兒童時期曾遭受情緒虐待），或者是創傷性事件等等。

遺傳學認為，我們的基因決定我們的身體特徵，如身高、眼睛的顏色、膚色、形體。但是也會影響我們的一些人格特質，如害羞。約有20％的人具有害羞的遺傳傾向，研究也顯示，並非每個有害羞遺傳傾向的人都會顯露出害羞的氣質，成長環境和生活經歷還發揮著重要作用。

研究認為，遺傳只是導致害羞的部分原因，害羞是一種氣質特徵，而這種氣質就像性格的前兆。事實上，一個人會有害羞的情況發生只有30％是由基因決定的，其餘的70％則是對環境的一種反應。

當人們面對可能引發他們害羞的情況時，他們如何處理這次情況會影響他們未來遇到類似情況的心理狀態和反應。也就是說，如果讓害羞的人一點一點地接觸新事物，那麼可以幫助他們變得逐漸地自信起來，讓他們越來越能適應新環境，在新環境裡越來越自如。反之，如果他們在一個陌生的環境裡被欺負，或者陷入困境、被嘲笑，那麼他們害羞的情況可能會加重。

周圍的人也會對孩子的害羞產生影響。譬如，一個害羞孩子的父母，如果他們總是過度地保護孩子，那麼會讓孩子在面對不熟悉的環境和人時，本能地產生想逃回家裡的想法和行為。

第四章　性格與社交

正因為外界環境對害羞影響如此重要，我們可以透過一些方法，來幫助孩子（甚至是天生害羞的孩子）逐漸脫離害羞的影響。

■ 害羞都是負面的嗎 ■

我們都想讓自己變得開朗，在社交方面容易一些、順利一些，想改掉自己害羞的「毛病」。然而，害羞的人也有害羞的好。

一、害羞的人是更好的聆聽者。有研究表示，害羞的人更喜歡聽他人談話，所以他們是天生的、好的傾聽者。

二、害羞的人大多是敏感細膩的人。他們會更善於感受他人的情感和情緒，他們心思縝密，很會關心他人，看到他人的需求。特別是當遇到跟他們一樣害羞的人時，這種同為「害羞人」的經歷，讓他們走得更近。

三、女孩對害羞的男孩更感興趣。一般都認為女孩會對自信的男孩比較感興趣，實際上可能恰恰相反。害羞的男孩，對於女孩的「殺傷力」極大。人們都渴望擁有自己無法擁有的東西，無論男女。而害羞的男孩剛好滿足了女孩的好奇心，他們越是不說話、越沉默，他們越讓人感覺神祕，讓女孩更想要一探究竟。特別是當一個外向的、熱情的女孩，遇到一個安靜的或者看起來有點悶悶的男孩時，他的耐心、細心，還有他認真聽她說話的樣子，太讓人著迷了。

■ 如何改變害羞的狀態 ■

當然，還是有很多人希望自己可以減少害羞的情緒，在社交中更輕鬆自在，有什麼好的辦法呢？

第七節　羞答答的玫瑰靜悄悄地開

一、克服害羞需要不斷地練習。害羞的人會習慣性地迴避新環境、社交場合，這絕對不利於改掉害羞的「毛病」。相反，積極地把握每一次的鍛鍊的機會，練習的次數越多，那些社交技巧就掌握得越嫻熟，慢慢地，這些技巧就內化成了自己的一部分，再遇到陌生環境，我們就可以自然地面對了。

二、克服害羞是一個相對漫長的過程。雖然進展會很緩慢，但是我們一定要有耐心。可能我們或者孩子在練習社交時，會出現一些意外，如被人嘲笑、不被人接納……這都會引起階段性的退縮，在這樣的情況下，我們需要不斷地自我鼓勵，給我們的孩子打氣，幫助他們樹立信心，不斷地向前。

三、尷尬情緒。每個人都會感到尷尬，害羞的人更害怕尷尬。但是不要被尷尬妨礙自己想做的事情。例如，我們不能因為害怕尷尬而拒絕參加同學聚會，那麼會喪失掉一次鍛鍊社交的機會。每個人都是處在尷尬中，只是很多人逐漸掌握了社交技巧，所以，我們也一定可以！

四、害羞可能並不會消失。我們也許需要一輩子與害羞共處，但這並不代表我們會受制於害羞。對於一個害羞氣質的人，我們可以透過不斷的練習，用技巧來改善自己的社交，但是並不代表害羞的情緒不會在社交時出現，這是一種與害羞共存的狀態，很正常，說明害羞已經被我們控制了。

五、接納真實的自己。無論怎樣，我們都無法改變自己真正的樣子。它可能是自帶害羞風格的，也可能是熱情洋溢的。這些都不該影響我們的心態和我們的生活。我們就讓這朵羞答答的玫瑰，靜悄悄地綻放它生命的奇蹟吧！

第四章　性格與社交

第八節　孩子不是膽小鬼

2008 年，一位家住紐約市皇后區 9 歲男孩的媽媽，把她兒子留在了紐約最繁華的地方——曼哈頓，然後給了他 20 美元、一幅地圖、一張信用卡，跟他說，孩子你可以自己回家的。就這樣，這個 9 歲的男孩，回憶著這條跟媽媽多次走過的路線，乘坐地鐵、公車，幾經周轉，回到了家裡。當他回到家裡時，他感到非常高興，他一直在等待這個可以證明自己的機會，現在他做到了。他洋溢著成就感，他覺得自己很棒。

類似的例子也發生在我的周圍。我先生上小學一年級時，忘了戴小領結，老師跟他說：「沒戴小領結就不能參加下午的詩歌朗誦活動。」他特別懊惱，非常想參加已經準備了快一個月的詩歌朗誦活動。所以他自己從學校跑出來，身上沒有一毛錢的他，沿著平時乘坐的有軌電車軌道，穿越最繁忙的市區，走了 1 個多小時，回到了家裡。

當然，我不是在說我們要把孩子扔在馬路上，讓他們學習獨自回家。我也不是在談要把孩子扔到陌生環境，鍛鍊他們的生存能力。我想談的是信任和放手，以及過度保護。

■ 過度保護的概念 ■

過度保護一般解釋是，父母為了不使孩子受到傷害，過分給予保護以致影響其獨立性發展的傾向。似乎我們每位父母都意識到過度保護對孩子是不利的，但是我們的行為並沒有停止。

還在學走路的孩子，沒走穩時，就開始跟跟蹌蹌地小跑，我們會下意識地脫口而出：慢慢走，小心別摔倒。大一點的孩子開始可以獨立活

> 第八節　孩子不是膽小鬼

動時，我們擔心的項目就更多了。剪刀藏起來，櫃子鎖起來，家裡圍出一塊地方把孩子「圍」在裡面，床邊要綁上安全護欄，出門繫上防走失繩，所有的兒童用品都換成塑膠的，所有孩子的座椅都要配備安全帶……

沒錯，我們幫助孩子躲開危險，我們每一次制止孩子的行為都可以找到一個合理的理由。謹慎有錯嗎？我們認為跑會讓孩子摔倒、剪刀會傷到孩子眼睛、櫃子裡的瓷器會扎破孩子的腳、走在路上的孩子可能會被壞人抱走、遊樂場的鞦韆會讓孩子跌落……家長和學校的主要職責不就是確保孩子安全嗎？

■ 壓力與過度保護 ■

再談談另外兩個壓力的概念：慢性刺激感應和急性刺激感應。

慢性刺激感應。我們都知道長期的壓力會帶給人們很多負面的影響，特別是兒童。如果兒童長期遭受虐待、忽視、剝奪、暴力等行為，讓他們的童年長期處於緊張的狀況，就會導致成年後的焦慮、憂鬱或者其他情緒和適應性障礙。所以，我們應該保護孩子，避免他們遭受長期壓力的侵害。

急性刺激感應。又稱急性壓力，是對可怕、競爭或者危險刺激的反應，這種刺激在幾秒鐘或者幾分鐘之內結束，是短暫的壓力，很多體育項目、遊戲，特別是身體遊戲都涉及一定程度的急性壓力，還有極端一點的活動，如高空彈跳、跳傘等。對幼兒來說，鞦韆、溜滑梯也可以達到急性壓力的效果。

急性刺激感應是有益於成長的。越來越多的證據表明，急性刺激感

第四章　性格與社交

應不僅很有趣、很刺激，對於孩子的成長也是必需的。

科學家用老鼠進行實驗後發現，急性壓力對於老鼠腦部發育有正面的影響，定期遭受輕微急性壓力的老鼠的海馬神經元、神經幹細胞和連結較多，大腦區域因其將短期記憶轉換為長期記憶而發揮作用。

除了老鼠，在很多動物身上我們都得到了類似的結論。急性輕度壓力對於大腦發育、社交技能、行為，甚至管理都有益處，也有結論表明，急性刺激感應對免疫系統有益。

體力上的消耗、操場上的對抗、適當的經歷週期性的恐懼都是急性壓力的誘因。孩子的確有可能從鞦韆上跌落，但是也教會孩子要學會保護自己、增強體能，擁有危險意識和恐懼感。這些都是無法透過口述來學到的。

如果我們在孩子小時候竭盡全力地保護孩子（限制孩子）避免危險，那麼等到他們長大，當他們獨自面臨風險時，他們又該如何應對呢？

■ 過度保護會引發行為和情緒問題 ■

《發展心理學》雜誌發表過與過度保護相關的文章。文章中指出，父母過分保護孩子會引發孩子的行為問題和情緒問題。來自美國和瑞士的研究人員針對422名2歲、5歲和10歲的孩子進行了階段性追蹤調查，研究結果顯示，如果孩子在5歲時能夠表現出穩定的情緒，那麼他很有可能會有好的社交能力，並且會在10歲時表現得更好。能夠有效控制衝動的孩子不太容易出現情緒問題和社交問題，他在10歲時能夠在學校有更好的表現。

研究人員認為，父母溺愛、過度保護孩子的行為主要包括：父母不

第八節　孩子不是膽小鬼

斷告訴孩子玩什麼、怎麼玩、玩完後如何收拾，這些父母往往太過嚴格或者太過挑剔。

被過度保護的孩子在面對成長中的各種挑戰時，會表現得更加手足無措，不知道該怎麼辦。過度保護會讓孩子的自制行為低於平均程度，無法很好地控制自己的情緒和行為，這些孩子在班級中的表現要差一些，而且這些孩子會更不容易交到朋友。被過度保護的孩子會變得多疑，有些會變得冷漠，還有些會表現出沮喪情緒，甚至不能很好地融入社會。

■ 過度保護更多的是一種假設 ■

「別碰那些！髒！」這是我們對孩子最常使用的指令性語言。事實真的是這樣嗎？

在這些以衛生為前提的保護後面，實際更多的是我們的一種假設。越來越多的研究顯示，讓孩子儘早接觸「安全細菌」，會對孩子的身體有好處。

什麼是安全細菌？那些生活在土壤中、動物或者植物身上的細菌、病毒和微生物，並不會讓我們生病。讓我們生病的病毒和細菌大多來自人類，而不是在塵土中。在大自然中，有無害的細菌和病毒，我們的免疫系統會分辨出病原微生物與非病原微生物之間的區別。

當然這與好的衛生習慣並不矛盾，我們仍然要告知孩子，保護自己。在流感好發季節，我們要勤洗手、保持社交距離，甚至戴上口罩。然而在大自然裡，我們的孩子去草地上奔跑、翻滾，在雨水和泥土中嬉戲，甚至把自己埋在沙子裡，這是他們的快樂，也是人類本性中最原始的快樂。

第四章　性格與社交

■ 我們一直在低估孩子 ■

在南太平洋某座島嶼上，研究人員完成了這樣一個實驗。

一個由 13 個固定的、2～5 歲的孩子與一對在附近上學的、隨機出現的兄妹構成的活動組，他們在無成人干涉的情況下自由玩耍，觀察持續 4 個月。

這群孩子自由地組織活動，在整個觀察期間，他們面臨著各式各樣的組織內事件，譬如，解決爭端、避免危險、處理傷害、分發物品，以及與其他人進行談判，而這些都沒有成人干預。他們避開成人，因為成人會干擾他們的遊戲。

這個遊戲的區域是有危險的。他們遊戲的區域是在海岸上，一艘破舊的、擱淺在沙灘上，已經不能使用的船。岸邊大塊的岩石上撒滿了碎玻璃，礁石陡峭而且溼滑，孩子們在船艙爬上爬下，在岩石之間行走，他們偶爾會發現大塊的石頭、被丟棄的斧頭甚至是刀具，他們留了下來，儲存著。研究人員發現，雖然這個環境以及他們使用的物品對他們來說都具有危險性，但是在整個 4 個月的觀察過程中，他們很少發生事故，只有輕微的擦傷、打鬧，雖然他們會經常吵架，但打架、發脾氣、長時間哭泣的情況很少出現。他們會經常發生爭議，但是會在幾分鐘之內就消失了。在整個過程中，他們並沒有尋求大人和大孩子來解決他們的衝突或者指導他們的遊戲。

在這個活動組中，四、五歲的孩子會照顧兩、三歲的孩子，而且他們幾乎全程都是這樣做的。他們有 24% 的時間是在假裝遊戲，譬如，他們假裝自己在船上釣魚、準備晚宴、狩獵；有 30% 的時間是用於建構遊戲，譬如，建造他們的活動場所、新的建築物；有 28% 的時間是進行

第八節　孩子不是膽小鬼

身體遊戲，譬如，相互追逐、攀爬等。這些都是自發的，沒有任何成人參與。

當後續研究人員向孩子的家長詢問關於孩子玩火柴和刀具的事情時，家長表示，如果他們知道，一定會把刀具和火柴拿走，因為他們擔心孩子會浪費火柴或者玩壞了刀具，並不是因為擔心孩子會傷害自己。研究人員認為，這座島上的孩子很善於自行解決問題，沒有對成人發牢騷，或者尋求成人的關注。

生活中沒有什麼是沒有風險的，當我們在保護孩子的同時，也是在剝奪孩子的自由、承擔能力、信心和勇氣以及成長所必須承擔的風險，而我們卻可能將他們推向更大的深淵——讓孩子永遠學不會掌控自己的生活。

不是孩子膽小，是我們的焦慮促使我們總是在擔心他們、限制他們；不是孩子承擔不了壓力，是我們不願意把他們放在壓力的環境裡；不是孩子不行，是我們沒有給他們可以的機會。

所以，勇敢一點，放開手，對孩子，也對我們。

第四章　性格與社交

第五章
影響社交的關鍵因素

第五章　影響社交的關鍵因素

第一節　情緒：滋潤孩子友誼的土壤

我在書中一直反覆提到情緒。憤怒、悲傷、快樂、驚訝、恐懼，這些詞彙出現的同時，我的腦中都有不止一個表情畫面與之相應。

如果我們觀察一個嬰兒，他在生命的頭兩個月，就會出現不同的情緒：喝完奶以後，他小臉紅撲撲的，微張著小嘴，神情放鬆，這傳遞出他滿足的情緒；他朦朧地睜開眼睛，發現在他面前移動的玩具，他睜圓了眼睛跟著玩具一起移動，這傳遞出他對新事物的好奇；當他餓了時，哇哇大哭，傳遞出此刻的痛苦⋯⋯對一個孩子來說，他用這些表情和身體的行為，來表達他的主觀感受──情緒。

■ 什麼是情緒 ■

當一個孩子出生後，他的情緒就出現了。但是並非所有的情緒都在他出生的那一刻就擁有，很多情緒需要他經過一段時間的學習才能夠讓他逐漸掌握，譬如，憤怒、恐懼、快樂、悲傷、驚訝等。當孩子發現自己的手在觸控按鈕後可以發出聲音時，發現自己可以控制自己的雙手擊掌時，快樂、驚訝等情緒被激發；當他想要撥弄開關來體驗被家長拒絕，或者想要食物來滿足口腹之慾時被家長阻止，即便是新生 2～4 個月的孩子，也會表現出憤怒或是傷心的情緒。

《正向情緒的價值》(*Positivity*) 的作者芭芭拉・弗雷德里克森在書中指出，我們的情緒來自祖先對洪水、猛獸和飢餓的記憶，這些在遠古時期人類需要面臨的生存挑戰，成為我們基因的一部分，並用情緒展現出來。這些情緒幫助我們的祖先生存至今，也充分解釋了自然選擇的力

> 第一節　情緒：滋潤孩子友誼的土壤

量，塑造了情緒，並讓情緒成為我們人類的本性。

對於情緒的認知，中國文化早有「七情」之說，即喜、怒、哀、懼、愛、惡、欲，它們與生俱來，「弗學而能」；按中醫的說法，則是喜、怒、憂、思、悲、恐、驚，與人的五臟六腑、五運六氣相關聯。

相較於「七情」的籠統說法，西方心理學則對情緒進行了具體的研究。美國的普魯特奇科博士是這一領域的翹楚。透過對情緒的畢生研究，他將所有物種共有的情緒歸納為「八情」，並認為人類所有的情緒都是由這8種基本情緒複合、混合或疊加而衍生出來的。

1980年，普魯特奇科博士總結出一個情緒輪模型，在這朵「情緒之花」中，8種不同顏色分別代表8類基本情緒：喜悅、信任、害怕、驚訝、難過、厭惡、生氣和盼望，每一類情緒內的顏色深淺則代表了該類情緒的不同強度；對立的兩種情緒被安排在相對的位置上，相鄰的情緒則可以組合成為更高級的情緒。比如，愛是喜悅和信任的組合。其他沒有顯示的一些情緒，也是由情緒輪上這些基本情緒組合而成的，諸如難過和生氣的組合，生出了嫉妒。

這個情緒輪模型清晰地展示給我們情緒的樣子，可以讓我們更加了解和認知情緒的樣子與不同情緒之間的關係。

情緒像空氣一樣，存在於我們周圍，我們可以感應到他人的情緒，也可以感受到自己的情緒。我們會受到他人情緒的影響，也會因為自己的情緒而採取一些行為舉動。

第五章　影響社交的關鍵因素

■ 情緒對我們的影響 ■

對損失的厭惡導致了一種名為「稟賦效應」的東西：一旦我們擁有了某樣他人沒有的東西，那麼當他人願意出價來購買這樣東西時，我們的要價會變得更高。一般來說，「所有者」願意出售的價格與「買家」願意支付的價格之比約為2：1。我們對損失的厭惡使所有權賦予了物品更大的價值。

然而，研究人員發現，有一種非常簡單的方法可以讓「所有者」和「買家」賦予一件物品同樣的價值：讓他們感到悲傷。2004年，研究人員用螢光筆讓一些參與者進行了經典的稟賦效應實驗，實驗發現那些得到螢光筆的人比沒得到的人對螢光筆的估價更高。但是，另一組參與者先觀看了一段非常悲傷的電影短片。儘管電影短片與螢光筆的估價任務無關，但悲傷的參與者對螢光筆的估價與他們的對照組非常不同：悲傷的「所有者」要求以相當低的價格來放棄獎品，而悲傷的「買家」願意支付比對照組更高的價格。事實上，兩個觀看了悲傷電影短片的小組在物品價格上並沒有統計學上的差異──悲傷完全消除了稟賦效應！

為什麼在你感到悲傷時參與估價任務會影響你對一件物品的估價？這與悲傷、無助感密切相關。此前的研究顯示，當感到悲傷時，我們常常會覺得自己受到周圍環境的擺布。這意味著，為了擺脫悲傷的狀態，我們有動力去控制自己的處境。所以，當你是一個悲傷的螢光筆擁有者時，你願意廉價地放棄它們，因為這是一種改變目前情況的簡單方法。當你是一個沒有螢光筆的悲傷者時，一個改變情況的方法可能就是獲得新的螢光筆，管它價格多少。

情緒可以對人的行為、思想產生影響。當某種情緒被忽視、被壓抑

第一節　情緒：滋潤孩子友誼的土壤

時，潛意識就會關閉身體的某一個神經傳遞樞紐，或是刺激某種激素大量分泌，最終導致與這種情緒相對應的某個身體部位產生生理問題，身體就會用疾病的方式去提醒你，有些情緒你需要去面對、去處理。

芭芭拉・弗雷德里克森有一個比喻：「我們就像玉簪花，正向情緒就像陽光。」透過實驗，她發現了這樣的真相：正面的情緒讓我們感覺良好，而良好感覺喚醒了改變的動機。正面的情緒能夠讓我們「開放」。正面情緒的開放性會讓我們更善於運用「雙贏」的思維思考問題，更容易用「我們」來思考問題，更善於建立持久的關係，能以更開明的方式處理問題，與人形成良性的互動。「你若盛開，清風自來。」在正面的情緒下，我們盡情地綻放自己，欣賞我們的人、喜歡我們的人就會自然而然地出現，這有助於我們的社交。

當感覺糟糕時，我們是處於防禦狀態的，繃緊了肌肉，也繃緊了神經，對周圍的一切都充滿了懷疑，警惕地打量著任何人、任何事。緊繃的神經，讓我們變得異常脆弱。缺乏信任是社交最大的絆腳石，這樣的狀態讓我們很難敞開心扉，與周圍的人建立關係。負面的情緒幫助我們從遠古惡劣的情況中活了下來，這樣的狀態是有其必要的。然而，假如環境改變了，生存威脅不存在了，我們還是無法擺脫這樣的狀態，那麼社交問題就出現了。我們會創造出並不存在的威脅，讓自己變得很焦慮，封閉自己，讓自己變得憂鬱。

■ 什麼是正面的情緒 ■

正面的情緒並不簡單是一個快樂的心情、一個好心情，「快樂」是一個太過於廣泛的詞彙，芭芭拉認為，我們應該更詳細地去描繪快樂。所以，她提出了 10 種正面的情緒，分別是喜悅、感激、寧靜、興趣、希

望、自豪、逗趣、激勵、敬佩和愛。

正面的情緒並不是持續存在的，它可能只是一瞬間的感受，但這種感受可以帶給我們當下的幸福感受，它強調的是活在當下、珍惜當下。我們也無法讓正面的情緒持續，它總是與負面的情緒周而復始地輪流出現在我們的生活裡。芭芭拉指出，最有助於推動生活、讓我們活得欣欣向榮的正面情緒與負面情緒的比例是3：1，這會讓我們既感受到幸福，又存在警惕性。她拿帆船做類比，負面的情緒是龍骨，正面的情緒是船帆，龍骨是不可缺少的，沒有龍骨哪裡也去不了，而船帆在順風時可以加快速度。可見，凡事皆有度，適度才是最好的。

■ 如何幫助我們的孩子 ■

情緒就像流動的水，既具有能量也存在動力。它能夠打敗一個人，也可以成就一個人。我們希望孩子可以更多地出現正面的情緒，創造正面的情緒而盡量減少負面的情緒，降低負面情緒的影響。我們也希望孩子可以獲得情緒的掌控能力，成為情緒的主人而不是被情緒牽著鼻子走。

根據芭芭拉的研究，負面的情緒分為兩種，一種是具體的、可改正的負面情緒；一種是全面否定的、沒有理性的負面情緒。前者是必要的、合理的，有助於幫助我們解決問題。另外，正面的情緒並不是越多越好，當它與負面的情緒超過11：1的比例時，會讓人「飄」起來。所以，我們可以透過一些方式，來幫助我們的孩子學習管理他們自己的情緒。

科學地管理情緒，而不是一味地忽視和壓抑情緒。看見自己的情緒，感知自己的情緒，而不是當成鴕鳥，逃避或者掩蓋自己的情緒，讓

第一節　情緒：滋潤孩子友誼的土壤

自己成為一個沒有活力、沒有激情的人。科學地管理情緒包括感知、控制、表達和轉化4個環節。

一、感知力是與生俱來的能力，我們透過感知力去了解這個世界、了解周圍出現的一切情況。感知力就像一根敏感的神經，它與外界相連，隨時會牽動著我們，也就是所謂的牽一髮而動全身的概念。如果我們去壓抑情緒、忽視情緒，那就是一葉障目，缺乏情感體驗的人也無法體驗他人的情緒，缺乏同理心能力，會讓人際關係觸礁。最好的方式是我們要去訓練感知力，不斷地內觀自己的身體和情緒，感受情緒的起伏和波動，了解自己的情緒規律，做到與情緒知己知彼。

二、控制並不是抑制也不是制止。控制是一個動態的狀態，我更喜歡用「調節」這個詞，隨時根據我們內觀到的情緒變化而隨時進行調節，進而達到控制的目的。而控制只是階段性的，譬如，我們不在公開場合爆發自己的憤怒，不在長輩面前展示自己的衝動，但是隨後，我們需要給情緒留一個閥口，或者是給予情緒一種抒發的管道，在一個我們感覺安全的地方，讓情緒充分地釋放和表達，就如同大禹治水不在堵而在疏，情緒也是如此。

三、表達與轉化的方式有很多，我們可以痛哭一場或者大吃一頓，也可以大汗淋漓地肆意奔跑，或者來一次說走就走的旅行……總之，我們需要找到一種方式，讓我們的情緒「流」出來，只有這樣，才能讓情緒在身體裡暢通無阻。

同時，我們還需要讓孩子擁有給自己正面情緒的能力，能夠為自己創造更多正面的情緒。

芭芭拉給出了11種提高正面情緒的方法。

第五章　影響社交的關鍵因素

1. 真誠是重要的

要挖掘發自內心的、由衷的正面情緒。要放慢腳步去感受。那些不能被感受到的，不能在你的心裡和身體上留下印記的正面情緒，是空洞的，不僅沒有好處，還有可能帶來壞處。

2. 找到生命的意義

在你的日常生活場景中更加頻繁地發現正面的意義。尋找一線光亮、一絲希望。意義就是解釋，是你建構出來的道理。生命的意義就是你給自己講述關於你的一生的故事。

3. 品味美好

有意識地創造、強化並延長對美好事物由衷的享受。要放慢節奏，用心感受，全面地感受，不要分析。品味美好的習慣與個人的自尊有關，覺得自己「配得上」美好事物，會更主動地欣賞和品味美好。這種自尊可以慢慢培養。

4. 數數你的福氣

將看似平凡的事情轉變為福氣，你會覺得生機勃勃，也有收穫滿滿的喜悅。每週可以抽出幾天，記下當天發生的、讓自己覺得美好的事情。美國脫口秀女王歐普拉推薦一種方法，每天寫下自己熱愛的 5 項事物，歐普拉說這樣能夠改變你的人生觀。芭芭拉也指出，這樣的練習的確能增加正面的情緒。

5. 計算善意

善意和正面的情緒相輔相成，了解到自己的善意舉動就能啟動這種良性循環。每週集中幾天做幾件大好事會很有幫助，分散開效果就差一

第一節　情緒：滋潤孩子友誼的土壤

些。要變著花樣做好事，想辦法保持新鮮感，例行公事會讓正面的情緒降低。每週或每月固定一個下午或一天去做好事就是好辦法。

6. 追隨你的激情

去尋找能帶給自己熱情體驗的活動，全身心地投入能帶來滿足感和成就感的事情中。

7. 夢想你的未來

構想自己的未來，對其進行詳細描述，這有助於管理你每天生活的目標和動機。當你具體地想像某種活動時，你的大腦當中負責那種活動的腦區會被啟動，很多優秀運動員會用想像力來進行高難度的練習，道理就在這裡。

8. 利用你的優勢

每天都有機會做自己最擅長的事情，最容易過上心情愉悅的生活。怎麼找到自己的優勢呢？芭芭拉講了兩種方法，一種是塞利格曼和彼得森創造的個性優勢測驗；一種是密西根商學院的「反映最佳自我的練習」，就是諮詢最熟悉你的人，讓他們描述最佳狀態的你。你可以從中發現能夠帶給自己高峰經驗的事情，更頻繁地重複這些事情。重新制定你的工作或日常生活流程，深入並反覆實行你的個人優勢，正面的情緒就會既穩定又持久。

9. 與他人在一起

芭芭拉寫道，沒有人能夠獨自地實現他的全部潛力。良好的社會關係會增加正面的情緒，這是很多實驗都證明了的事情。芭芭拉指出，不一定要天生外向或表現得外向，只要培養溫和的性情和同情心，就能夠

在日常交往中獲得更多的正面情緒。

10. 享受自然的美好

研究發現，好天氣的時候在外面活動 20 分鐘以上就能明顯增加正面的情緒，那些常年在室內的人則不受天氣的影響。後續研究發現，每一個在好天氣裡外出的人都表現出更多的正面情緒和更加寬廣的思維。只有在春季和初夏才有這樣的影響。不過，不管什麼時候，適度進行戶外活動都會讓你看得更遠，思路更開闊，心情更美好。

11. 開啟你的心靈

保持開放性會觸發正面的情緒，而正面的情緒又會開啟思維，兩者齊頭並進。有兩種途徑，一種是進行冥想練習；一種是那些會制約和拆分體驗的思維習慣。

除了覺知力冥想練習外，芭芭拉特別提及了仁愛冥想練習，把溫暖柔和的同情引向自己，然後把這種情緒導向不斷擴大到與其他人組成的圈子。這種練習能減少沮喪情緒，提高生活滿意度，讓人更容易接受自己，也更能夠信任他人。

最後，正面的情緒還會抑制負面的情緒，就像按重啟按鈕，讓人恢復活力。那些保持樂觀的人並不是沒有負面的情緒體驗，他們的負面情緒也不少於他人，差別是，他們在面對負面情緒的同時還體驗著正面的情緒，他們在正面情緒的帶動下，帶著希望和感恩的心態面對著壓力與恐懼。

總之，情緒改變著我們的大腦，也改變著我們與世界互動的方式，讓我們慢慢在情緒中遨遊世界吧！

第二節　溝通：最需要示範的社交技能

溝通是社交的核心，也是人與人建立關係的基本方式。能夠與人適當地溝通、表達自己的情感和需求，是孩子應該擁有的基本能力。如果可能，我們應該在幼兒早期就開始進行溝通技巧的指導。如果我們認為孩子可以自行掌握溝通技巧，而無須學習，恐怕我們的孩子會在未來的社交道路上多花費一些時間。

▇ 溝通是什麼 ▇

溝通是指一個有機體將訊息傳達給另一個有機體，並對其產生影響的過程。不僅人類可以溝通，動物之間、昆蟲之間都可以進行溝通。它們依靠聲音、手勢等訊號，傳遞危險、問候、集合等特殊訊息，這與早期的人類非常類似。人類在發明語言之後，溝通內容變得豐富而且充滿變化。

▇ 溝通的發展 ▇

語言並不是溝通的必需品，兒童在生命的早期，在他們還沒有開始掌握語言時，就已經開始跟家人溝通了。7～8個月大的孩子在同伴說話時會很安靜，等到對方說話停止後，他們就會發出嗚嗚呀呀的聲音作為回應，很明顯，在這時，他們就已經懂得了溝通的一般規則——當別人說話時，不要插嘴。

父母對著孩子說話，然後孩子發出聲音，父母再發出回應，孩子又會有新的反應，就在這樣的交替中，孩子逐漸學習了溝通的基本特點——交替性。

第五章　影響社交的關鍵因素

研究者發現，對孩子來說，有組織的社交遊戲比無組織的社交遊戲更能激發他們的興趣。他們在遊戲中可以逐漸掌握溝通的交替規則，透過遊戲裡的互動，能夠讓孩子了解到社交的規則性。

當孩子開始學會說話時，他們從父母這裡學到更多的溝通規則，譬如，他們需要學習在提出需求時，要用禮貌的表達方式，他們也會從父母的日常溝通中，透過觀察學習，來掌握溝通的基本禮節。雖然父母沒有有意識地指導孩子語法，但是「請」、「謝謝」這些與溝通禮節相關的表達方式，已經開始在孩子的頭腦中慢慢形成了。

學齡前的孩子已經可以清晰地表達自己的需求並且知道，如果期待溝通有效，他們必須調整他們的訊息，來符合聽眾的需求。

■ 溝通技巧的重要性 ■

正如前文提到的，溝通的目的之一是傳遞訊息，所以孩子需要掌握一些溝通方法，可以幫助他們清晰地表達自己的需求和感受。這可以讓孩子日漸豐富的情感順利地流動。

溝通技巧可以幫助孩子更好地與他人建立良性的關係，幫助孩子提高社交能力，收穫友誼。

良好的口頭溝通能力，也會對孩子的書面表達、寫作上有幫助，這會提高他們未來的學業成績。

掌握溝通技巧的孩子可以在溝通中收穫很多樂趣，會與他人建立更有意義的、更有深度的資訊交流，讓他們學到更多感興趣的事情，對於他們的成長有著很大的幫助。

在溝通上存在問題的孩子，有可能會出現焦慮、憂鬱、社交恐懼、低自尊等心理問題。

第二節　溝通：最需要示範的社交技能

▎孩子需要掌握哪些基本溝通技巧呢 ▎

一、眼神交流的重要性。溝通不僅僅是語言，孩子需要了解眼神是溝通的精髓所在。注視著他人，代表著興趣和尊重，在溝通中如果眼神游移不定，一方面是對對方的不尊重；另一方面，如果是對方的眼神游移不定，說明對方已經對當時的話題不感興趣了。

二、語速對溝通的影響。需要指導孩子能夠清楚並且有節奏地表達。清晰的發音、正確的語法、恰當的語速，都會對溝通有好的影響。

三、打斷他人說話是不禮貌的行為。孩子的注意力是短暫的，他們可能沒有辦法像成人一樣，當一個安靜的聽眾。但注意力是可以透過長期地訓練而逐漸提高的，這需要我們對孩子提出這樣的需求，要求他們不要打斷他人的談話，並且在家裡也要做到這點，給孩子提供一個好的示範，讓孩子學會專心地聽和恰當地給予回應。

四、一些簡單的維持談話的技巧。對於語言掌握還不是很熟練的孩子，他們需要去了解一些基本的、可以讓談話繼續的技巧，這對他們語言的掌握也有促進作用。我們可以在平時就注意這方面的示範，例如，在孩子講述事情時，恰當地微笑、點頭，以及使用鼓勵的話或者肯定的語句讓他們繼續說下去，都是一種傳授技巧的方式。

▎如何「教」給孩子溝通技巧 ▎

傳授孩子溝通技巧，並不是傳統意義上的「教與學」的關係，我們更無須採用教科書式的、發號施令式的、教導式的這些相對死板的教授方法，我們可以嘗試以下這些方式。

一、建立開放的溝通管道。這是與孩子建立親密型依戀關係和信任

第五章　影響社交的關鍵因素

關係的基礎，也是我們「教學」的基礎。我們需要讓孩子可以毫不猶豫地、輕鬆地在我們面前表達自己，這樣才可以更好地了解孩子在溝通方面的特點，更好地了解孩子的需求。

二、讓孩子充分地表達。語言是一種不斷累積的能力，需要孩子反覆地練習才能夠掌握。所以，我們盡可能地讓孩子開口，讓孩子有充足的時間來思考他想說的話，並且充分地表達他想傳遞的內容，告別「家長制」、「一言堂」的家庭氣氛。在孩子想要說話時，不要打斷或者糾正孩子，過度地糾正和挑剔只會讓孩子越來越緊張。

三、教授溝通技巧最好的方式就是父母的示範。孩子就像一塊海綿，會不斷地吸收父母的一切。因此，如果父母為孩子提供良好的口語表達範例，這對於他們的溝通能力會有極大的幫助。

四、在遊戲中提高孩子的溝通技巧。遊戲是孩子最好的學習工具，我們當然可以利用遊戲來提高孩子的溝通技巧。

■ 一些可以提高孩子溝通技巧的遊戲 ■

一、打電話。我們可以在家裡和孩子一起玩「打電話」的遊戲。這項遊戲很適合家庭成員一起玩，或者是幾個有孩子的家庭在聚會時，孩子們一起玩。讓孩子們排成一列長隊，從第一個孩子開始，一個一個地，用耳語往下傳遞悄悄話。從一個簡單的訊息開始，逐步進階到更複雜的遊戲。

二、指示方向。這是一個非語言的交流活動。讓孩子寫下他想去的商店或者是公園的路線，然後按著他寫的內容與孩子一起踏上旅程，到達目的地。途中，我們可以幫助孩子了解如何才能優化這條路線，或者

> 第二節　溝通：最需要示範的社交技能

聊一聊與溝通有關的事情。

　　三、描繪和講述。找一個時間，跟孩子圍繞一個話題展開交流遊戲。譬如，讓孩子用 5 句話描述一個他最喜歡的人、最喜歡的書或者城市。這樣的活動可以幫助孩子鍛鍊詞彙量、口頭表達能力，增強孩子的自信心。

　　孩子喜歡聽故事和講故事，所以我們可以給孩子一組圖片，讓孩子發揮自己想像力，按著一定的邏輯順序來排列圖片並且描述這個故事。這對孩子的觀察力、邏輯思維能力、表達能力、詞彙量都是一個很好的提高。

　　四、演講。這並不是訓練孩子一些死板的表達方式，這個演講是找一些孩子感興趣的話題，讓他們來表達自己的觀點，譬如，健康、衛生、節約、環境等話題。讓孩子提前準備一下，形式不限，並且自己也要準備一份，與孩子一起交流觀點，這會提高孩子的口語表達能力和未來的演講能力，更重要的是，引發孩子對生活常見事物的思考。

　　五、情感假扮。給孩子幾張卡片，每張卡片上有一種特定的情緒，如憤怒、悲傷、無聊、疲倦、快樂，請孩子用自己的方式表現出卡片上的情緒。這有助於孩子了解不同情緒的面部表情、訊號，這是非語言交流的線索，是對語言交流的一種補充。

　　六、「接球」遊戲。這個遊戲有助於孩子習慣於溝通的交替性。跟孩子一起，在將球扔向孩子時，提出一個問題（例如，最近在看什麼書），當孩子接到球時需要回答這個問題，並在扔回球之前，再提出一個相關的問題。這個遊戲有助於讓孩子逐漸適應溝通的交替性模式，逐漸學會繼續對話。

第五章　影響社交的關鍵因素

七、角色扮演。讓孩子找到自己平時交流會緊張的情況，例如，在餐廳如何與其他孩子一起用餐。然後假裝自己是餐廳場景中的一個人，一起練習孩子可能會遇到的場景。這樣可以讓孩子在下次遇到同樣場景時，更加自如地面對，也幫助孩子思考如何應對不同場景。

第三節　將心比心：看見他人，才能快樂自己

我家孩子從來不能體諒他人，這孩子是不是太自私了？是我們教育出了問題嗎？

我看書上說，孩子要到9歲才有體諒他人的能力，是這樣的嗎？

我很欣慰，現在有很多家長開始關注孩子的同理心能力，家長也越來越意識到同理心對於孩子的身心健康和社會能力的發展，以及未來的友誼、情感的重要性。然而家長對同理心，或者說共情能力的理解也同樣存在錯誤。

■ 共情是什麼 ■

共情或者同理心是心理學最常出現的概念之一，我們可以透過下面的例子來感受一下什麼是共情。

幾週前收到兒子幼兒園老師的郵件，她發給我一張兒子擁抱一個在哭泣小朋友的照片，詢問我可否登在班級的年刊上。當時我被這張照片感動了，很開心地看到兒子表現出來的「共情」——安慰傷心小朋友的舉動。然而，就在昨天，當他和鄰居小夥伴一起玩時，小夥伴摔倒在地

第三節　將心比心：看見他人，才能快樂自己

上傷心地哇哇大哭，兒子卻興奮地跑來跑去，邊跑邊笑，發出嗷嗷的興奮叫聲。

對於同一個孩子，我們拋開他不同的反應，其實都是對其他人的苦惱產生了情感反應，這是共情的第一步。

共情又可以稱作同理心，它是一種換位思考的能力，是一種將自己換作他人，並且能夠理解或者感受他人正在經歷的事情的能力。同理心意味著孩子：

理解他自己和他人是兩個不同的個體，他人和自己的觀點是可以不同的。

可以認出自己和他人的感受。

可以調節自己的情緒反應。

可以把自己換到他人身上，並想像他人的感受。

可以想到一個動作或者出現一個反應，去幫助一個人，讓他感覺更好。

所以，對一個孩子來說，從看到或者察覺一個人有情緒變化，到擁抱這個人，是需要一連串的頭腦、心理、行為相互配合才能夠完成的，這對孩子來說不是一個簡單的過程。

■ 共情在生活中發揮的作用 ■

研究顯示，共情是人們必不可少的生活技能。它是一個人可以理解自己和他人感覺的能力；它被認為是情商的重要組成部分；共情代表著一個人具有辨識情緒、控制情緒和表達情緒的能力，這是高情商的表現。

第五章　影響社交的關鍵因素

　　研究還認為，共情能力會給家庭生活帶來快樂，對友誼關係的建立有著極為重要的影響。一個善良、體貼和尊重他人的人，關心對方的感受、情緒，這樣的人怎麼會不讓人喜歡呢？

　　對孩子來說，共情能力還是避免校園霸凌、促進校園和諧的最重要因素，如果孩子都可以對他人的痛苦、快樂感同身受，就不會出現霸凌與被霸凌的現象了。所以，共情教育應該是學校重要的教育內容。

　　心理學家卡爾‧羅傑斯在《論人的成長》一書中講過這樣一個真實的諮商案例。

　　一位媽媽帶著一個問題少年去找羅傑斯諮商，想要知道她兒子在學校裡行為不端的原因。羅傑斯與這個問題少年做過幾次諮商之後，認為這位媽媽對孩子的頻繁拒絕是問題所在。但可惜這位媽媽一直被矇在鼓裡，沒有意識到自己的問題。直到這位媽媽主動接受諮商，向羅傑斯大吐苦水，講述她和丈夫糟糕的關係，以及生活中各式各樣的煩心事。

　　在整個過程中，羅傑斯都一直耐心地傾聽並給予關懷式的共情。

　　在獲得充分的理解之後，這位媽媽和丈夫的關係有了很大的改善，令人驚喜的是，她兒子那些叛逆的行為也越來越少。可見，共情的確有療癒人心、化解焦慮的作用。

■ 影響共情能力的因素 ■

　　共情能力是與生俱來的。早在嬰兒時期，孩子就已經存在這樣類似共情的行為和表現。有研究顯示，一個剛剛出生 18 個小時的幼兒，就會對周圍陷入痛苦（哭、叫）的小孩表現出一些回應。

　　氣質類型影響共情能力。很多研究顯示，孩子的共情能力與他們天

第三節　將心比心：看見他人，才能快樂自己

生的氣質類型有關，譬如，抑制型氣質的孩子對於他人的悲傷可能表現得更加心煩意亂，而且在嘗試調節自己情緒時，他們比非抑制型氣質的孩子更有可能選擇離開自己的同伴。

父母的教養方式對共情能力影響更為明顯。例如，同情心差的孩子，他們的母親經常使用斥責、體罰、強制等方式對待孩子傷害他人的行為。反之，有高同理心的母親，則通常會對孩子的加害行為進行情感解釋，透過讓孩子了解自己的暴力行為給別的孩子帶來了傷害，會引發他人的痛苦和悲傷，來逐漸培養孩子的共情能力。

依戀關係影響孩子的共情能力。對孩子來說，他們和照顧者之間的依戀關係，會直接影響他們日後對待他人的反應。安全依戀的親子關係，會讓孩子時刻處於一種正面的人際互動關係和獎勵體系中，這對他們的安全感的建立至關重要。對於一個感覺到安全和被愛的孩子，他們會對情感的感受更加敏銳，他們對他人的情感需求也更加敏感。研究人員認為，依戀的特質可以預測孩子未來生活中的同理心能力。

▪ 共情能力的發展 ▪

隨著孩子長大，他們在生命早期累積和學習的共情能力開始展現出來。在學齡前，他們逐漸意識到自己和他人的區別，他們可以區分自己和他人的身體、感受和經歷。他們的認知能力逐漸增強，他們逐漸可以站在他人角度開始思考問題。例如，一個一歲的孩子看到朋友不高興，他可能會去找自己的媽媽來安慰朋友，但是在相同情況下，兩歲半的孩子會去尋找他朋友的父母來安慰朋友。因為兩歲半的孩子已經懂得，當他的朋友不開心時，是需要他自己的父母來安慰的。

第五章　影響社交的關鍵因素

在孩子六、七歲時,他們開始有能力理解另一個人的感受,並且會為他們的朋友在感受悲傷時提供解決方案和幫助,真正的同理心開始出現。隨著他們行為能力和情感能力的發展,他們一方面可以有能力處理自己的困擾;另一方面他們推己及人,可以將自己身上累積的經驗和他人的需求連繫在一起,幫助他人去處理情感上的困擾。這都是未來面對霸凌、不平等、種族主義等複雜道德問題、社會問題的情感基礎。

■ 高度共情者的困擾 ■

然而共情能力也會給人們帶來困擾。研究認為,高度共情的人如同一塊情緒海綿,對於愛、和平與幸福的感受比一般人強烈,他們過於敏感並且富有同理心,他們會吸收過多他人的負面情緒,這會讓他們感覺沮喪和疲憊不堪。

很多人並不知道自己是高度共情的人,他們無法區分哪些欲望、想法和情緒屬於自己,哪些屬於他人,這會讓他們無法放鬆,始終沉浸在困擾之中。對於一些高度共情的人,他們的善良和溫暖會吸引很多人接近他們,但是慕名而來的人未必都是善良的人,對於那些善於情感剝削、情感勒索的人,他們會利用高度共情者的善良。所以,擁有共情能力的同時還要學會如何保護自己。

■ 如何培養孩子的共情能力 ■

共情能力雖然與生俱來,但是如果我們可以關心孩子的共情能力,並且給予一定的支持和引導,會對孩子的共情能力更有幫助。

幫助孩子學會說出自己的感受,因為了解自己的感受是體會他人情

感的第一步。與孩子討論他人的感受並一起分析原因，這有助於他們學習情感表達，並且學會考慮他人的觀點和情感。

譬如，在一起看繪本、書籍時，我們可以在恰當時機，啟發式地問孩子：他是難過了嗎？他為什麼哭了？該怎麼幫幫他呢？

可以在家裡飼養動物或者植物，讓孩子照料它們的成長，有助於孩子理解幫助另一種生物生存、繁衍的快樂，也會對孩子理解同理心有幫助。

與孩子一起讀書，書中會有大量描繪人物心理活動、情感的段落，這會讓孩子將情感、行為和角色、故事之間建立連繫，幫助他們理解情感、體會情感。

第四節　正向溝通：家長和孩子都受益的表達

正如我們在前面章節提到的「暴力溝通」帶給孩子的諸多影響，那麼對孩子來說，我們如何表達才能在社交方面幫助他們呢？

我們先看一組表達方式：

「我認為這是個餿主意。」

「這車修好至少要一週。」

「我認為這個太貴了。」

我們再看另一組表達方式：

「我覺得這不是一個好主意。」

第五章　影響社交的關鍵因素

「下週您就可以用上這臺修好的車了！」

「這個價格有些超過我們的預算。」

■ 什麼是正向溝通 ■

在傳達同一個意思的前提下，表達方式的不同，聽到的人感受也會不同。正向的表達傳遞了正面的觀點；相反，負面的表達也會將情緒和態度傳遞給對方。

正向溝通是一種以正面的方式傳遞訊息的溝通方式，這裡的正向是指溝通的方式而不是溝通的內容。正向溝通傳遞的訊息內容不僅可以是正面的訊息，也可以是負面的訊息。

正面溝通是溝通技巧中較為重要的一部分。它之所以重要是因為，正面溝通傳遞一種正面的態度，這種態度不僅會對聽到的人產生正面的影響，對於說出的人也會產生正向的影響。俗話說：「心有善念，口吐蓮花。」正向溝通是表達者心中的積極態度的傳遞者，是表達者對待生活、事件的正面的看法，這種正面的態度會直接感化接收者。

正向溝通可以讓聽眾受到正面的影響，會讓接收者積極地的響應並且採取行動。正面溝通還具有將負面情感轉化成正向情感的能力，可以幫助表達者形成一種正面的印象。

■ 正向溝通的好處 ■

正向溝通讓我們與孩子的溝通更有效。對家長來說，與孩子建立正面溝通模式格外重要。正向溝通可以讓我們和孩子的溝通更有效，讓孩子更容易接受。

第四節　正向溝通：家長和孩子都受益的表達

「不吃完飯就不可以出去玩！」這讓孩子處於一個被動的情景，語氣中傳遞著命令和強迫。

「吃完飯後就可以出去玩了。」同樣的意思，這種表達方式傳遞給孩子的內容是：你可以出去玩，我並不阻止你，只是需要先把飯吃完了。

避免孩子產生抗拒心理。我們跟孩子溝通時，更多的是期待孩子可以「聽爸媽的話」，讓孩子按照我的意願去做。然而，這種急迫的心態，會透過話語直接傳遞給孩子，讓孩子感受到壓迫，自然而然地產生了抗拒心理。

正向溝通的方式是先解決情緒，我們的出發點並不是讓孩子聽話，而是要先處理好自己和孩子之間的情感關係，讓孩子感受到自己對孩子的關注，對孩子關心的事情的關注，這樣孩子反而會放下抗拒心理，接受我們的意見。這也是正向溝通的力量。

言傳身教，讓孩子沉浸在良好的溝通方式中。如果我們使用正面溝通方式與孩子建立溝通模式，那麼這種溝通習慣也會傳遞給孩子，內化成他們的表達方式。正如前面章節提到的，溝通是一種學習性行為，可以透過反覆的練習、學習，一點一點地提高並形成自己的模式。

正向溝通是一種積極的心態。正向溝通需要表達者不斷地從事件中找到正向的方面，並用語言表達出來，傳遞正面的情緒和態度。因此，表達者需要不斷地從正面的角度看問題，帶有正向的心態，這樣才能夠將這種正面的能量傳遞。也許我們命令式的、威脅式的話語可以讓孩子短時間內服從我們，但是這種帶有指責、評判的語句，帶有負面的心態，也會在無形中傳遞給孩子。

第五章　影響社交的關鍵因素

■ 正向溝通並不是不生氣 ■

我們在與孩子相處時，會遇到這樣的情況，平時沒什麼事的時候，孩子和家長都是和和氣氣、相親相愛的。有時，孩子有點小問題、小毛病被家長看到了，心中有所不滿，又擔心總罵孩子會讓孩子「皮實」了，以後不好管，便一忍再忍，直到遇到嚴重的事情，我們內心的火苗一下子就被點燃了，衝著孩子大吼一頓，甚至大打出手。可是氣頭過了，又馬上覺得後悔，不斷地自責，覺得自己不是個好爸媽，跟孩子一般見識。我們就在這樣忽好忽壞的情緒中反覆，自己覺得不舒服，孩子的情緒也跟著起起落落。

在正向心理學中，生氣並不是一個負向的情緒，相反，生氣也是有正面意義的情緒。我們如果內心認為生氣是不好的事情，一味地控制自己，不讓自己在孩子面前生氣、流露負面的情緒，這也是不現實的。

情緒就像流動的水，需要疏通而不能圍堵。生氣也是這樣，我們不是不能表達自己的憤怒，而是應該學會如何恰當地表達生氣，正向溝通就可以幫助我們。

「你從來不聽我話！」，「你這麼做太過分了！把我放在眼裡了嗎？」，「我懶得理你！」實際上，我們要表達的意思無非就是「你這麼做，我很生氣」。但是我們卻把這種簡單的「生氣」加上了「你不聽我的話」、「你是個過分的人」、「我拒絕你」這些複雜的、負面的情感，這不是好的溝通方式。

所以，正向溝通的方式是，我們可以直截了當地告訴孩子：你這麼做我很生氣，我很難過，我很震驚，我很害怕。

第四節　正向溝通：家長和孩子都受益的表達

■ 拒絕也可以正向溝通 ■

有很多家長會找到我們，他們渴望讚賞孩子，渴望控制自己的情緒，但是每當面對孩子，尤其是面對孩子頑皮的舉動時，很多負面的情緒、話語脫口而出，最後還是以生氣、制止、喝止的方式草草收場。

當我們面對一個頑皮的孩子時，我們的確不能一味地由著孩子，順著孩子的心意去做，這不但是因為我們做不到，而且一味地由著孩子，這種放任不管的教養方式，對孩子的成長也是不利的。孩子的控制能力還沒有達到成人的程度，他們需要成人幫助他們逐漸學會控制自己的行為。所以，該說「不」時，我們還是需要及時地說「不」，只是在表達方式上，如果我們採用正向溝通的方式，可能會收效更好。

譬如，不准看電視了，快去寫作業！看你這樣是寫不完作業的！

我們可以嘗試轉換成：孩子，先寫完作業再看電視，這會讓你看得更踏實。

譬如，別玩了，趕緊吃飯！

我們可以嘗試轉換成：快點吃，吃冷飯對你的腸胃不好。

譬如，不准在戶外的地上打滾！

我們可以嘗試轉換成：外面的環境不衛生，在上面打滾可能會染上病菌，讓我們生病。

■ 如何進行正向的溝通 ■

避免使用負面的詞彙。這是最簡單的技巧，也是最難以實現的部分。但是可以透過不斷的練習來完成。我們可以先嘗試在表達中迴避出

第五章　影響社交的關鍵因素

現「不能」、「不會」、「無法」、「不可能」等詞彙，嘗試避免使用否定詞，但傳達相同意思的方式來表達。譬如，「如果不完成作業，就不可以去夏令營」。可以轉換為，「如果完成作業，就可以去夏令營」。

嘗試尋找事情中正向的一面。即便事情整體的結果是負面的、不理想的，我們也可以找到裡面正面的點。嘗試尋找事情中正面的點，並在溝通中表達出來，這樣獲得的溝通效果會更理想。譬如，孩子很想要你陪他玩，但是你正在做飯、急於料理家務，還有一大堆公務等著熬夜處理，實在無法分身，相較於此時直接拒絕孩子，告訴孩子「我現在很忙，沒有時間陪你玩」，更好一點的方式是：「我知道你很希望媽媽陪你，等媽媽做完飯之後，陪你好不好？」

避免強求和強迫。這對孩子來說格外有效。孩子都是「順毛驢」，他們叛逆的內心，在面對強迫和強求時，會格外的愛唱反調。在我們想給孩子提要求時，請放棄「你必須」、「你應該」、「你不應該、你為什麼不能」一類的聽起來很有力度但是充滿了強迫意味的語句。嘗試把自己的姿態放低一點，忘記自己的身分，調整到跟孩子一樣的高度，使用「我們可以」一類的語句，這不僅是正向的表達，還更激發了孩子的積極性、主動性。

及時地肯定孩子的意見和建議。每個人都期待自己的意見被採納，孩子也是一樣的。當孩子提出自己見解或者意見時，即便他們的意見或者建議很不成熟，或者從我們的經驗來看，一定是以失敗的結果告終，我們也需要肯定孩子積極思考的行為。雖然他們給出的意見不見得可行，即使他們的方法不見得是恰當的，但是他們勇於思考、勇於表達的行為是值得肯定的，我們需要及時地給予鼓勵和認可。

第五節　傾聽是一門藝術

上週，兒子突然很認真地對著正在看手機的爸爸說：「爸爸，你必須用眼睛和耳朵聽我說話」。爸爸當時愣了一下，然後笑著收起了手機，說：「好的，親愛的，你現在可以發表意見了。」

顯然，兒子已經透過他的方式（如果沒猜錯的話，應該是幼兒園的活動中學習到的），了解到了什麼是傾聽。

▓ 什麼是傾聽 ▓

我們每天都用耳朵接收聲音，早上我們被鬧鐘叫醒，坐起身來，聽到窗外咕咕的鳥叫聲和麵包機做好麵包的蜂鳴聲。出了家門，車輛引擎、走路、電梯、廣播、手機，辦公室裡的影印機、掃描器、電腦鍵盤、同事的電話……我們的周圍充斥著各種聲音，我們無時無刻不在聽。

但這些都不是傾聽。

傾聽沒有這麼容易發生，即便我們面對面坐在一起，有一句沒一句地聊天，傾聽也並不一定在發生。

溝通專家朱利安・崔久在他的 TED 演講上曾指出：「我們正在逐漸喪失傾聽能力，雖然我們在交流過程中有 60% 的時間在聽，但是我們恐怕只聽到其中的 25%。」

傾聽不僅僅是聽、聽到，還包括理解和回饋。它是一種看似安靜的卻具有傳遞情感能力的行為。用耳朵聽到對方說出的話，用眼睛看到對方的肢體語言，用頭腦來分析理解對方想要表達的內容，用嘴發出極少

第五章　影響社交的關鍵因素

的語言去影響對方的表述，用肢體語言去帶動整個傾聽的氛圍，用內心去接納對方，剔除心中的評判。傾聽是調動全身參與的一種行為，是一項系統工程。

■ 傾聽對我們有什麼影響 ■

良好的傾聽有助於提升親子關係。我們經常會遇到這樣的困擾——為什麼孩子不肯「聽話」。我們希望孩子「聽話」，其實就是期待孩子可以聽到我們說的話，並且按著我們說話的要求去做。但是現實是，孩子拒絕「聽話」，或者無論我們說什麼，他們的耳朵好像都閉上了，完全「不聽」。

孩子拒絕聽我們講的內容，可能是孩子的需求與我們的需求相互矛盾甚至是存在衝突。孩子拒絕聽我們講的內容，說明孩子心中有壓力和困惑，甚至是不滿的情緒，這些情緒困住了孩子，讓孩子變得反抗和抗拒，導致情感阻斷，孩子不想聽我們說話，溝通也就無法發生。

然而傾聽這時可以解決這個堵塞。傾聽不僅僅是聽，它更是一個溝通的過程，它是一個連結，或者可稱為橋梁，它讓孩子可以開口表達或者讓他們可以接收訊息，進而讓情感可以在孩子和父母之間暢遊。我們愛我們的孩子，關心他們也擔心他們，然而需要方法讓孩子接收到我們的愛。同樣，孩子也一樣愛著我們，我們需要給予他們方法或者搭建橋梁，讓他們可以傳遞出心中的愛，而不是用拒絕、反抗來阻撓愛的流淌。根據研究顯示，父母主動傾聽時，孩子通常會感到更多的支持和更少的控制。所以，我們需要用溫暖的愛把孩子從封閉中帶出來，帶到交流的模式中，去傾聽孩子的話，不帶有評判地、全心全意地去聽孩子的感受、孩子的體會。這會讓孩子感受到溫暖、接納、尊重和真誠，孩子

才會開啟情感的大門,讓情感流淌出來。

良好的傾聽能力是溝通的保障。溝通一部分是表達,另一部分就是傾聽。傾聽的重點不在於聽,而是在於聽到後的理解和回饋。根據研究顯示,人與人大多數的交流(約為 92%)都是非語言的溝通。當我們主動地傾聽時,我們除了接收到語言訊息外,還可以透過對方的語氣、眼神、面部表情、肢體語言去發現他們隱藏在語言訊息後面的內容——情感訊息,這有助於提高聽者的同理心,也會讓溝通更有深度也更有效。

良好的傾聽可以與表達者建立更深入的關係。即便不是親子之間,朋友之間、同事之間、同學之間,哪怕是路人,如果可以建立良好的傾聽關係,那麼聽者與表達者之間的關係也會變得更近和更深刻。研究發現,人們在被動聽的情況下,沒有辦法給予表達者任何正面的、有效的回饋,這會增加表達者和聽者之間的緊張感。如果是良好的傾聽關係,聽者會在表達者說話的同時,給予即時的回饋,類似於「嗯」、「是的」、「對」、「太對了」。聽者也會透過眼神、無意識地點頭表達「請繼續說下去、我還有興趣、我還有耐心」的含義。有時候聽者的提問會讓表達者產生更強烈的表達意願,這會讓談話更加深入,也會帶動彼此的關係進入更深的層次。

▌ 傾聽有時會被阻礙 ▌

傾聽意味著敞開身心地去感受對方,讓對方的情緒流淌出來,給予充分的空間、時間,讓表達者進行充分的表達和釋放,然而我們有時發生的一些下意識的行為,會阻礙傾聽行為的發生。下面我分享自己 Line 群組的一個例子。

很小的一個 Line 群組,不超過 10 個人,都是孩子的媽媽。有一天,

第五章　影響社交的關鍵因素

一個媽媽在群裡說自己的孩子不聽話，越不讓他做什麼，他就越想做什麼。這時，群內的回饋紛紛而來。

　　Ａ：這才剛剛開始，等你兒子到了我兒子這麼大……

　　Ｂ：哎呀，小朋友是有點不懂事，他是不是哪裡不舒服了？有沒有給他示範動作？他心情好的時候也這樣嗎？

　　Ｃ：別太鬱悶了，會好的！

　　Ｄ：你應該少約束他，越約束他，他就……

　　Ｅ：哈哈哈，你說這個讓我想起我兒子小時候……

這種表達方式我想我們每個人都會遇見，安慰同情、追根究底、分析原因、給出建議……大家紛紛地開始各抒己見，兩肋插刀地準備「幫助」這位表達者了。

然而這些表述其實都是在阻礙真正的傾聽。

非暴力溝通專家馬歇爾·盧森堡在他的《非暴力溝通》一書中，曾經給出阻礙傾聽的一系列表現。

　　建議：你應該……

　　比較：你這不算什麼，我當年經歷了……

　　說教：你這樣做，你會得到……

　　安慰：這不怪你，你已經盡力了……

　　回憶：你說的這個，讓我想起了……

　　否定：振作點兒，高興起來！

　　同情：哎……你真是好委屈……

　　詢問：這是怎麼發生的？

第五節　傾聽是一門藝術

辯解：我想早一點聯繫你的⋯⋯

糾正：事情不是這樣⋯⋯

表達者傾訴自己的經歷，尋求的是理解和支持，他們只是需要找到一個出口，讓他們內心起伏的情緒流淌出來，而不是指手畫腳的幫助——畢竟你不是心理醫生也不是人生導師。

■ 如何訓練孩子主動傾聽的技能 ■

積極、主動地傾聽是一項可以透過學習和演練來不斷提高的技能，孩子都可以透過一些方法來提高主動傾聽的能力。

一、首先做好榜樣。就像任何學習性的行為一樣，我們需要做好孩子的榜樣，用我們的行為告訴孩子什麼是正面、有效的傾聽。每一次與孩子說話時，我們都需要放下手機，排除與本次溝通無關的所有干擾，帶著理解和包容，抹殺掉評判和指導的欲望。提出能引發孩子思考的問題，並且重複孩子陳述內容的重點，這都是正面溝通的模式。

二、簡單好記的模式。不要讓孩子在摸索中前行，告訴孩子積極傾聽的具體步驟和模式。例如，積極傾聽的 5 個步驟：①用眼睛盯著對方；②閉上嘴巴；③穩住身體；④打開耳朵；⑤準備學習。這些簡單的、有概括性和指導性的步驟，會讓孩子更容易學習傾聽。

三、透過小遊戲來提高孩子的傾聽能力，這裡建議幾種遊戲可以參考應用。

1. 西蒙說：這是一個經典的遊戲，我們也可以在家裡一家三口玩起來。訓練孩子的注意力來練習聆聽。一個人來當西蒙發出口令，其他兩個人根據聽到的口令來做出指定的動作。例如，西蒙說，單腳站立！

2. 講故事：每個參與的人輪流講故事。例如，第一個人可以從「很久很久以前，有一個小矮人⋯⋯」開始，第二個人必須利用自己的傾聽技巧，將第一個人講的內容融合到自己的故事中，然後繼續講下去。

3. 打電話：經典的遊戲，幾個人玩都可以。讓孩子仔細聽，然後重複他們聽到的內容。

4. 猜物品：一個玩家在腦中設想一個物品，由另一個參與者（幾個也可以）提問，問題不能超過 20 個，第一個玩家只能回答「是」或者「不是」，提問的小朋友根據提問和回答來猜測玩家腦中的那個物品。這是訓練孩子聽到訊息並且分析、組合訊息的能力，也是鍛鍊孩子的注意力。

5. 托盤遊戲：在一個托盤中放上幾個物品，讓孩子觀察 10 秒鐘，然後用毛巾覆蓋，然後從托盤中拿走一個物品。再次掀開毛巾，讓孩子猜出取走的東西。這是訓練孩子的觀察力和注意力。

6. 正念訓練：正念訓練是一種精神訓練，強調有意識的覺察，將注意力集中於當下，並且對當下的一切觀念都不做評判。感興趣的父母可以自行學習相關內容。

第六節　衝突宜解不宜結

無論我們如何避免，孩子之間的衝突還是會經常上演。上一秒還互相嬉戲、玩作一團，下一秒就扭打起來，拼得你死我活。特別是幼齡兒

第六節　衝突宜解不宜結

童之間，搶別的小朋友玩具、自顧自地玩卻打擾了其他小朋友的遊戲、下手沒輕沒重地弄哭了別人家孩子……我們總想後退一步，讓孩子自己解決問題，可是真當問題發生了，特別是自己家孩子處於弱勢時，我們卻很難全身而退。

當孩子無心推倒一起玩的小夥伴，小夥伴哇哇大哭，家長怒氣沖沖地跑過來指責自己的孩子時，我們還能坐得住板凳，讓對方家長指著自己的寶貝罵嗎？

當孩子在幼兒園，被小朋友故意打了，看著孩子青一塊紫一塊的手臂，我們還能沉得住氣說出「沒事，孩子的問題就讓孩子自己解決吧」這樣的話嗎？

當面對孩子之間的衝突時，我們該站在怎樣的角度？是判官，保護者，還是旁觀者？

■ 孩子之間的衝突是自然情感的流露 ■

心理學家發現，嬰兒時期就會出現憤怒和打人的現象。心理學家卡普蘭和他的同事發現，當一個孩子抓住了另一個孩子也想要的玩具時，這兩個孩子的態度就會變得非常的強硬，即便是再給其中一個孩子提供一個完全相同的玩具，他可能也會視而不見，而是繼續試圖制服對方，獲得玩具。這意味著在 1 歲左右時，孩子的衝突就開始了。

孩子早期的衝突，一般都是圍繞著搶奪玩具而開始的。心理學家古德納福發現，沒有具體對象的發怒在 2～3 歲時出現得越來越少，孩子已經開始在玩伴妨礙自己或者攻擊自己時，運用自己的身體進行反擊了。身體攻擊會在 3～5 歲時下降，但是嘲笑、說壞話和誹謗、起外

第五章　影響社交的關鍵因素

號等行為隨之增加。而矛盾的焦點大多與玩具或者其他有價值的資源相關。

■ 每一次衝突的發生都是一次學習的機會 ■

當孩子發生衝突時，特別是幼兒期，我們很多家長會非常震驚 —— 孩子為什麼會打人？會自責 —— 是不是自己教育失敗了？會擔心 —— 孩子會不會是攻擊型人格？

其實衝突的發生就像建立友誼一樣，都是幫助孩子學習社交技能、逐漸步入社會化的好的機會。

在他們發生衝突時，我們可以給流淚的他們一個擁抱來安慰他們激動的情緒，也可以命令孩子擦乾眼淚來停止他們的情緒流淌，但是這些都不是好的辦法，這會讓我們的孩子錯失一次學習如何面對衝突、解決衝突的機會。

當孩子發生衝突時，我們要把握住這個練習的契機，因為越小的孩子發生衝突，他們受到的肢體傷害就越小，代價就越低，我們還可以更早地介入衝突，幫助他們學習面對衝突，學習解決衝突的辦法。

■ 區分衝突與霸凌 ■

孩子之間的衝突是偶爾發生的，人員並不固定，霸凌則不是。

霸凌是校園裡最常見的一種反社會行為，是一種長時間持續的、會對孩子身心造成極大影響的行為。與衝突不同，霸凌的人員一般是固定的，甚至是眾所周知的，霸凌者不會只針對一個人發生衝突，孩子們通常都會清楚學校裡那個喜歡欺負他人的孩子。

第六節　衝突宜解不宜結

在孩子回家說自己被欺負時，我們首先要區分孩子是與人發生衝突還是被人霸凌。透過詢問孩子經過，詢問其他家長或者老師，就可以得到一個基本的判斷。

米歇爾·歐巴馬在自己的《成為》一書中提過一段自己童年的往事：她因為自己是黑人的身分，經常在外面被欺負。10歲的她，喜歡上一個離家不遠的社區，她很想和那裡的小朋友建立友誼，一起玩耍，但那片社區有個被其他孩子捧上天的「霸王女」。「霸王女」一直不肯接納她，每次她去社區玩，想和其他人接近時，「霸王女」就開始冷嘲熱諷，指桑罵槐地奚落米歇爾。她忍了一兩次，本來想不再去那片社區，但是性格裡從不服輸的她，選擇了面對。於是她再一次勇敢地邁入了那個社區，想找「霸王女」進行理論。

當「霸王女」再一次對她言語攻擊時，她顧不得理論，直接用父親教她的拳打腳踢大法，朝那個女孩瘋狂進攻，兩人很快扭打在了一起。

這一舉動讓她在那一條街出了名，人們紛紛過來勸架，好在最後兩個女孩都沒有受傷。只是透過這一架後，「霸王女」終於懂得什麼叫做尊重，米歇爾也為自己贏得了在那片社區玩耍的機會。

以暴制暴或許是可以解決被欺負、被霸凌的方式之一，但前提是，我們需要讓孩子在行動前，可以確保自身的安全。當對方過於強大、人數眾多時，我們最好是用語言和表情表達自己對霸凌者的抗議，而不是選擇肢體上以暴制暴的方法去與之抗衡。

既然衝突無法避免，授人以魚不如授人以漁，我們或許應該更早地幫助孩子學習解決衝突的方法，而不是在衝突發生時措手不及。

■ 幫助孩子管理他們的情緒 ■

孩子可以感知到自己的情緒，他們有時強烈，有時平靜，在遇到爭執時，他們感到憤怒或是沮喪。對他們來說，從出生的那一刻起，他們遇到情緒問題的唯一解決方式就是哭。餓了會哭，疼了會哭，不滿意了還是會哭。他們並不清楚情緒是什麼，也並不知道如何與自己的情緒相處。我們需要幫助孩子認知情緒，學習如何和自己的情緒相處，幫助孩子學習幾個可以保持鎮靜的簡單策略。例如，在感覺到自己憤怒時，深呼吸或者停止說話，心中默數1、2直到10。這些都是讓孩子逐漸學習解決衝突的重要方式。

■ 學習恰當的表達和傾聽 ■

幫助孩子學習恰當的情緒表達方式，可以讓孩子在發生衝突時，恰當地表達自己的感受和期待。譬如，「我知道我們現在都很生氣，或許我們應該冷靜下來，想想怎麼解決」，或者類似「讓我們討論一下，如何一起玩」這種可以獲得雙贏方案的解決衝突的表達方式。這都可以在發生衝突時，避免雙方過於關注衝突的起因，或者歸罪於他人，導致衝突擴大。

成為一個好的傾聽者也很重要，這一點我們在第五節也有詳細的講解。雖然讓孩子之間相互傾聽是很困難的事情，特別是在他們情緒上感到沮喪或者疲憊時。所以，讓孩子先平靜下來，再採取一些積極的解決衝突的策略，才是有效的辦法。

第六節　衝突宜解不宜結

■ 共同尋找解決問題的方案 ■

我們可以作為引導者，來幫助孩子體會如何共同尋找解決問題的方案，特別是對於年幼的孩子。把他們叫到一起，每個人談談自己的解決方案，並提醒孩子，每個人都有被傾聽和提方案的權利。對於年幼的孩子，可以讓他們團體做選擇題，逐漸培養他們學習如何提出解決方案。

■ 什麼都不做地走開 ■

告訴孩子，當他們無法處理或者沒有辦法時，可以選擇走開，尋找家長或者一個他們信任的成人來尋求幫助，進而協助解決衝突。

■ 利用角色扮演來幫助孩子學習處理類似情況的辦法 ■

角色扮演可以幫助孩子演練他們學習到的處理衝突的辦法，讓他們在真正面對衝突時，可以更加的自信和自如。我們可以陪伴孩子，充當演員，尋找合適的場景，如遊戲場地、操場上，去模擬衝突發生時可能出現的語言、動作和情景，讓孩子在快樂的情緒中掌握這些策略。

■ 利用「扮家家酒」來幫助孩子 ■

「扮家家酒」是想像遊戲、象徵性遊戲的一種。讓孩子利用他們的想像力，去扮演他們看見的、經歷的事情，在遊戲中，沒有法則、沒有規定的結局、沒有目的或者結果。遊戲為他們提供了一個強大的避風港，讓他們的情緒流動，去發揮他們在他人那兒看到的、聽到的或者是學到的，既包括社交互動，也包括衝突。在遊戲中，他們處於掌控的位置，能夠按照他們的想法設計時間、空間、人物，他們可以感受到一種力量

第五章 影響社交的關鍵因素

感，這種力量感讓他們可以有能量去弄清楚事物之間的關係，思考並且解決問題。

■ 定期與固定的玩伴玩耍 ■

定期的玩耍可以幫助孩子發展友誼，也可以讓孩子從小環境——固定的場所，小群體——固定的玩伴，逐漸過渡到適應大環境——操場，大團體——熟悉的或者不熟悉的同齡人，幫助孩子逐漸適應社交壓力。

第七節　學會說「不」：劃清友誼的界限

讓孩子學會說「不」，似乎是個很可笑的主意。

從2歲起，到5歲，我們每天聽他說的最多的一個字，應該就是「不」！

■ 說「不」的好處 ■

在一項關於「孩子成長」的研究中，研究人員指出，幼年的孩子（學齡前）每小時要跟父母吵架3～15次，研究人員認為孩子是透過與母親爭辯，在學習如何談判和證明自己的理由，這些技能最終會延續到他們與同齡人的相處中，成為他們社交能力的一部分。

研究認為，這個階段的孩子意識到自己可以堅持自己的看法，與家長說「不」或者爭辯，是他們獲得自信的一種方式。

第七節　學會說「不」：劃清友誼的界限

正如我們在前面章節探討「自我」的概念中所提到的，孩子逐漸在成長的過程中找到自我，將自己和父母、其他孩子分化出來，逐漸從生理上、心理上意識到自己的存在，這是他們成長的需求。他們逐漸學習思考，並且開始有了自己的想法，他們不斷地綜合他們觀察到的、聽到的和行動之後父母回饋的內容，形成對自己的認知和自己的行為方式。他們想要依照自己的方式做事，並且學會了說「不」，他們已經開始從行為上的抵制來拒絕他們不想要的。

■ 現實與說「不」的衝突 ■

然而在我們的文化中，卻在與說「不」處處抗衡。「我們生活在一個習慣說『好』的文化中，在這種文化中，人們期待有望領先的人會積極進取，擁抱所有的機遇」。的確，我們有很多時候不敢說「不」，我們擔心錯過機會，我們想抓住所有的契機，生怕錯失良機；我們不敢對權威說「不」，生怕暴露出自己的不夠專業；我們不敢對陌生人說「不」，因為在我們的文化中，拒絕總是和不禮貌畫等號；我們不敢對朋友說「不」，因為我們擔心拒絕會給彼此關係帶來潛在的威脅；我們甚至不敢對最親近的父母說「不」，因為文化裡告訴我們；「孝」首先要「順」。

事實就是這樣，說「不」並不是一件容易的事情。就連我們自己在面對我們的孩子時，也無法做到充分的自我表達。當我們看到 2 歲的孩子，坐在擺滿了為他準備的午飯桌子前，而他卻搖著頭、鼓著嘴說出「不」時，我們的情感不可抑制地蹦出：搞什麼？！不吃飯你想做什麼？！然後我們必須告訴自己平靜下來，溫和地接受孩子的真實想法和當下的念頭，平靜地接納孩子當時的感受，我們相信，一切孩子未來可能出現的心理問題，都跟我們現在對他們的態度密切相關，然後我們告

訴自己要尊重孩子，尊重到要遺忘掉我們自己的真實力量——甚至不敢對孩子說「不」。

在我們失去自我表達的同時，我們還在剝奪孩子的自我表達。不僅僅在我們的文化中，孩子對長輩、親戚或者父母說「不」被認為是一種不孝順的表現，在很多其他文化中，孩子拒絕親人的擁抱或者親吻，也被認為是失禮的。甚至在我們內心中也期待孩子可以去「取悅他人」——獲得長輩的認可和喜愛。我們的行動也在默默地支持這種讓孩子喪失自我聲音的行為：為什麼不熱情地跟奶奶打招呼？見到阿姨怎麼不說話？就是這樣，我們一方面期待孩子的獨立思考，可以堅持自己的看法；一方面一次又一次地期待孩子按著我們的想法去待人接物，長成我們想要的樣子。我們什麼時候才能夠放下這種「情感」上的期待，讓孩子自己依照內心的聲音，來表達自己內心的力量呢？

讓孩子發出內心的聲音，讓他們感受到自己的能量，讓他們知道自己有權利拒絕，即便是會帶來他人的不滿。讓他們懂得聽從自己內心的聲音，守住自己的邊界，這非常重要。讓我們的孩子可以放心地自由選擇，在面對他們不想做的事情，可以勇敢地表達出拒絕，這是我們應該給予他們的權利。同時，這與道德和禮數並不相斥，我們同樣可以讓孩子學會禮貌地拒絕他人。

■ 如何讓孩子禮貌地說「不」 ■

一、抽離「不」與道德禮教的關係。我們要求孩子在做任何事情之前，要保持他們的身體、頭腦和內心一致，我們不去強迫孩子做任何自己感到不情願的事情，像是在家裡的擁抱。我們不去賦予擁抱任何道德、禮教的內容。擁抱只是代表當下我們想或者是不想跟父母親近，這

第七節　學會說「不」：劃清友誼的界限

與愛、孝順都沒有任何關係。孩子可以選擇想要一個擁抱或者拒絕擁抱。這是他們的選擇，也是未來他們對自己的身體的保護和對陌生人示愛時的對話基礎。如果孩子在家中都不敢發出自己的聲音，在父母面前都感覺不到自己安全地被愛和被需要，他們如何在外面的世界做到這一點呢？

二、我們尊重孩子的個人權利。越來越多的社群軟體可以讓我們去分享為人父母的喜悅，特別是孩子小的時候，我們很喜歡去分享孩子的成長照片，但是隨著孩子年齡的增長，我們應該在分享前詢問孩子的意見，因為他們有這樣的權利。

三、我們不去強迫孩子分享。雖然我們前面提到，分享是有利於社會行為的基礎，是孩子交友的利器，但是如果孩子不願意分享，我們應該從心裡接納孩子的這個決定。推己及人，我們不會跟朋友分享我們的一切，我們的孩子也有權利這麼做。

四、我們在家庭規則上給予孩子一部分權利和自由度。孩子可以在不影響自己身體健康、不影響他人的情況下對自己的事情做主。譬如，他們房間的布局、設計，他們自己的穿衣裝扮，甚至他們看電視的時間和手機使用規則。我們很開心地看到孩子自信地拿著手機在客廳大聲地打電話，而不是躲在自己的房間裡偷偷地看手機。我們相信，壓抑和過於嚴厲的家長制氛圍下，孩子只會變得唯唯諾諾或者是異常的偏激。在平等和開明的家庭氣氛中，我們可以保留住孩子個性稜角的同時，獲得孩子的尊重和認同。

五、我們保留自己對孩子說「不」的權利。在任何時候，我們都要以身作則，說「不」也是一樣。我們不必去做完美的父母，也不必去刻意地迎合孩子，我們可以在孩子面前表達自己的真實想法，劃清我們的界

限。我們會用「我不想你這麼做」來替代「你不允許被這麼做」。「不想」代表我自己的不願意,而「不允許」代表的是權威,你必須聽我的,這與我們的家庭氛圍不和諧。當我們和孩子遇到嚴重分歧時,我們會坐下來平靜地溝通,來得出雙贏的結果。當然,這並不容易,我們已經被閹割了太多的自我,我們甚至有時都不清楚這是「我」的邊界,還是「我媽媽」給予的邊界,還是社會給予的邊界。

六、讓孩子學會禮貌地說「不」。拒絕的方式有很多,說「不」只是最直接、最清晰的一種。很多內向的孩子很難直接、簡潔地向朋友說「不」,所以我們需要給孩子一些技巧。

七、說明理由。「你的行為讓我感到不舒服」,「你傷害到我了」,「請不要這樣做了」……當孩子在一起玩嗨了,很容易出現身體上的碰撞,特別是男孩。如果孩子直接衝著對方說:「你走開!你不可以這麼做!」會讓對方難以接受,甚至激怒對方。所以,表達自己的感受,讓對方理解,會讓「不」變得更加豐滿且容易被接受。

八、延遲請求。當我們的孩子不想答應他人的請求時,又不好意思當面拒絕,可以選擇這個委婉的拒絕方式,譬如,讓我再想想,等下告訴你。

九、雙贏的討論。讓孩子學習雙贏的談判思維,在社交中會非常受用。每個人都有自己需求、界限,但這並不代表需求和界限沒有交會點。孩子可以坐在一起,透過溝通去找到這個交會點的部分,這會讓每個人都感到快樂。

第八節　友誼在誠實與謊言間自由走動

「再不安靜下來，警察叔叔來抓你了！」

「再不聽話就不要你了。」

這是我們小時候最常聽到的白色謊言。也許你認為這種老一輩嚇唬孩子的方式我們早就已經停止了，實際上並沒有。

「早一點睡覺，晚了就會錯過聖誕老人給你的禮物了！」

孩子也一樣。兒子過生日，奶奶送給他一輛腳踏車，他一臉興奮地收下，並且說：「這是我一直期待的禮物！」但是身為媽媽的我卻知道，他一直想要的是最新出的樂高積木。

跟朋友之間我們也毫不吝嗇地在說謊：「好久不見，你瘦了！」、「哇，你這個指甲的顏色好有個性！」

從小我們就被教導要誠實，不要說謊話，可是我們最終還是成長為一個不僅會說謊話，還在用謊話哄孩子、用謊話社交的成人。

■ 我們天生會說謊 ■

加拿大麥基爾大學的研究發現，孩子3歲就會開始說謊，5歲會為了避免懲罰而說謊，7～11歲，會藉由說謊來保護自己和對方不受到傷害，也就是我們所說的善意的謊言或白色謊言。我們的確生活在謊言之中，我們其實比想像的更會說謊。

大文豪蕭伯納曾經說：「我們必須先把這個世界變成一個誠實的世界，然後才可以誠實地告訴我們的下一代『誠實的確是最好的策略』。」這句話非常現實，也道出了我們生活在謊言之中的實情。

第五章　影響社交的關鍵因素

■ 白色謊言也是謊言 ■

　　為了區分謊言的目的性不同，我們人為地將謊言分為黑色謊言和白色謊言。黑色謊言就是我們平時所說徹頭徹尾的撒謊，為了掩蓋自己真實的想法，從自身利益角度出發的謊言。白色謊言也被稱為善意的謊言，沒有惡意、沒有傷害性，甚至是從保護對方、體諒對方的角度出發而說的謊話。譬如，為了鼓勵老人家好好生活、積極快樂，每次見到老人都說：您氣色真好，越活越年輕。或者老婆做了一款新菜，即便是不那麼可口，也會為了鼓勵老婆或者取悅老婆，笑著邊吃邊稱讚。這些都是白色謊言，與黑色謊言一樣，它們都是將一個錯誤的訊息傳遞給另一個人或者一個群體。

　　白色謊言的影響一直是社會學、心理學等專家關注的內容。新加坡南洋理工大學社會科學院的學者發表在《實驗兒童心理學》期刊的研究指出，父母的白色謊言對孩子影響非常長遠，父母越愛用白色謊言的孩子，在成年後也更傾向於說謊。學者認為，父母一方面自己使用謊言來對待孩子；另一方面卻告訴孩子要誠實，這會讓孩子對父母的言語感到矛盾。孩子會認為謊言是可以接受的行為，並在成年之後使用謊言。

　　也有研究團隊為白色謊言站臺，來自芝加哥大學布斯商學院行為科學副教授艾瑪萊文指出，人與人之間信任的關鍵是善良和好的意圖，並非誠實。白色謊言是一種「利社會行為」，除了說謊者應用心智解讀，還要有同理心、善良、記憶力和想像力。康乃狄克州費爾非縣的臨床心理學家芭芭拉‧格林伯格表示：「各個年齡階段的人都有同情心，有時候講一些白色謊言可以保護其他人免受不必要的傷害」。「我遇到的大多數人都講這些白色的小謊言，因為他們知道始終保持100％的誠實是無益

第八節　友誼在誠實與謊言間自由走動

的」。白色謊言並不是自私的謊言，它們是從對方的角度考慮問題，是為了幫助對方、讓對方快樂的話。

的確，我們利用白色謊言來促進人與人之間的關係。當我們渴望和對方建立深入關係時，我們更傾向於同意他人的觀點，即便是無法從中獲得任何益處，我們也會這樣做。

■ 白色謊言的影響都是好的嗎 ■

說一個謊話要用十個謊話來圓。這對於白色謊言同樣適用。無論是怎樣的謊話，我們都要做好圓謊的準備，這就是說謊話的代價。

閨密給兒子養了一條小狗，孩子非常喜歡，每天都跟小狗在一起。結果沒多久，小狗生病死了。閨密覺得小狗死了的事實對孩子太過於殘忍，怕孩子太傷心，就善意地跟孩子說，為了讓小狗的生活環境更好，把它送到外婆家去了。孩子也沒有說什麼，只是默默地接受了這個事實。事後，孩子時不時地會問他媽媽小狗的情況，還讓媽媽給小狗買狗糧和玩具，快遞給外婆，閨密拗不過孩子，只能硬著頭皮寄了快遞，還要想像著狗的樣子，繼續給孩子描繪小狗的成長。過了半年，孩子總纏著媽媽要看狗的新照片，閨密只能繼續撒謊，說外婆不會給狗拍照，等他長大了就帶他去看狗。閨密以為時間一久，孩子長大有了新的玩具、新的夥伴，小狗的事也就自然地淡去了，誰知道孩子不依不饒，寒假吵著要去外婆家看小狗，這可為難了閨密，只能繼續編造謊言。講到這裡，閨密說，早知道是這樣，還不如當初就告訴孩子小狗已經死了的事實，現在變得更加難以收場。

影響親密關係。那些看似無害的小謊言實際上可能會造成嚴重的關

係破壞，包括對於讓你感到困擾的事情說「還可以」，隱藏對他人哪怕一點點的好感，在談感情的一開始隱瞞自己年齡或收入、信誓旦旦地表示「我和前任早就沒有任何交集了」等。

善意的謊言可能透露著不信任。我們在跟朋友、親人互動時，選擇用善意的謊言來代替對事情真實的看法，譬如，父母早因感情不和已經離婚，卻一直瞞著孩子，擔心給孩子帶來壓力；家屬不告訴患者病情實際進展，一味地認為患者無法接受，會消極對抗病情，然而卻讓患者在疑惑中度過每一天。

其實這是我們低估了對方的能力和不信任彼此之間關係的表現。說出這些謊言的前提，是我們假設了，或者在我們內心中就認為對方太軟弱、太脆弱、太頑固不化了、太不講道理、太小了……我們不相信他們可以承受我們正在承受的變故，不相信他們可以接受我們已經接受的新知識、實情、真相，我們不信任彼此的關係，我們認為說出真話會對我們的關係產生威脅。

如果我們選擇誠實呢

我們有沒有想像過說實話、說真話的結果？

與其我們讚美老婆的烤火雞很美味，不如說這對我來說是一種新口味，我喜歡新的嘗試。

與其我們跟孩子說小狗去度假了，不如坦白地告訴孩子小狗的病情，讓孩子接受生命的教育。

與其我們跟朋友說你的新衣服太漂亮了，不如說你的新衣服讓你看起來很獨特，很符合你的性格。

第八節　友誼在誠實與謊言間自由走動

　　我們的確應該在說話之前多考慮對方的感受，但我們是不是也可以多花一點時間想想，自己為什麼不能善意地表達我們的真實感受呢？

　　心理學家布雷爾博士曾在心理學期刊上提供這樣一個案例。

　　一個女孩幾個月沒有見到媽媽，在這幾個月中，女孩的體重明顯增加了。在見到媽媽時，媽媽興奮地讚美了女兒，認為她的女兒看起來棒極了。「雖然這位母親看到孩子的體重增加，但仍然稱讚女兒你很棒時，對方是可以接受的，因為這句話裡充滿了善意、保護和無條件的愛」。

　　謊言也好，誠實也罷，之於友誼、親情，我們或許不該考慮那麼多是非對錯、非黑即白。我們需要一個平衡和明智的表達，而不是一味地出於友善而偽裝得很虛假。

第五章　影響社交的關鍵因素

結語

在這本書的最後，我想再談談成長。

讓我們先回顧一下，人一生的成長軌跡。

心理學家艾瑞克森曾提出著名的人格發展階段理論或者心理社會發展階段，他用八個階段，概括了人的一生需要面對的成長問題。

一、嬰兒期（0～1.5歲）：這一階段的主要矛盾是解決基本信任與不信任的衝突。這一時期，艾瑞克森認為，發展任務是培養信任感，即對周圍世界和人的基本接納態度。如果這一時期的孩子可以在環境中感受到溫暖和舒適，那麼這種美好的經驗，就可以延伸到他未來的生活中，從對母親的信任，擴展到對他人的信任。未來與人交往時能不能建立安全感與否就是這個階段的主題。

二、兒童期（1.5～3歲）：這一階段的主要矛盾是自主性與自我懷疑的衝突。艾瑞克森認為這一時期兒童成長的基本任務是自主性。他們會不斷地進行基本的獨立性探索，如走路、吃飯、上廁所、穿衣服……以此來超越環境的限制，同時，他們會感受到內心的膽怯。這一時期，如果家長允許兒童按著自己的方式去做力所能及的事情，那麼會幫助兒童形成自信和自主感。如果成人支配一切活動，那麼兒童就會對自己應付環境的能力表示懷疑，並且對自己的行為產生羞怯感。過度保護反而會阻礙兒童這個時期自主性的發展。

三、童年早期（4～6歲）：這一階段的主要矛盾是主動性與內疚感的衝突。這一時期兒童的主要任務是發展主動性，他們需要獲得家長的

結語

認同。他們透過發起一些有目的的活動、與人交往的互動，甚至攻擊他人來表示自己的創造能力，並伴隨著內心的矛盾。如果家長對他們過於限制，會讓他們感到無力、無用、羞怯並且出現內疚感。如果能不斷地給予正面回饋，則會讓兒童形成主動性，能幫助孩童在將來成為一個有責任感和創造力的人。

四、童年（6歲至青春期）：這一階段的主要矛盾是勤奮與自卑的衝突。這一時期兒童的主要任務是學習（獲得認知能力）和社交能力，他們透過前面階段的成長之後，會把自己的精力投入學業、運動、社團活動、社交中。充分發展的兒童可以透過這一時期獲得良好的社交技能和認知能力，獲得成就感；還有一些兒童，他們因為前面的階段沒有順利度過，沒有辦法很好的投入這樣的活動中，所以他們自卑、缺乏自信、失敗感重重。

五、青春期：這一階段的主要矛盾是同一性與角色混亂的衝突。這一時期的青少年需要獲得強烈的歸屬感，他們迫切地想要知道自己是誰，自己要走向何方。他們不斷地嘗試確認自己的身分，看起來混亂且沒有目的，但這對他們來說都是一種有意義的「折騰」。最終順利度過的他們會收穫自我，有舒適的自我認同感，明白自己是誰、接受並欣賞自己；沒有順利度過的孩子會出現角色混亂、變化不定的自我懷疑，對未來的生活迷茫、不確定。

六、成年早期：這一階段的主要矛盾是親密感與孤獨的衝突。這一時期的成人需要發展與他人建立親密關係、承諾的能力。需要在親密關係中不斷地學習分享與合作、承擔責任並放棄一些隱私和獨立，學習關懷對方，同甘共苦。如果這一時期可以順利度過，則會與他人建立親密關係，如果失敗會感覺寂寞、孤獨，與他人交流會有無力感、否認需要親密感。

七、成年中期：這一階段的主要矛盾是創造與停滯的衝突。順利度過青春期的成人，在這一時期會開始幸福充實的生活，他們的主要重心放在繁衍和養育下一代上。他們會將上一階段對伴侶的責任感，延續到整個家庭、工作、社會和後代。一個關心他人（特別是兒童）的成人，會在教育和指導孩子的過程中、在對社會的奉獻中獲得滿足；反之，不關心他人的人，也就是只自我關注的人，會對過去和未來感到迷茫。

八、成年後期：這一階段的主要矛盾是自我完善與失望的衝突。順利經歷前面階段的人，再一次地回顧過去，他們會發現自己的體力、心力、健康都大不如前，他們需要自我調整，同時，他們也需要接納自己的現狀，獲得一種圓滿。相反，如果前面某一階段沒有順利度過，某些挑戰沒有解決，會有挫敗感、焦慮、自卑甚至絕望。

從這八個階段我們可以看出，人的一生充滿挑戰和矛盾，不斷地出現危機、解決危機、發現自我、創造自我。無論是自己還是孩子，我們誰也逃不過這些階段性出現的難題，每一個孩子、每一個家長、每一個家庭都是如此。我們並不是孤立的，也不是獨自面對的。每一個階段都有它獨特的需求，階段與階段之間不可踰越，如果個體想要成功應對發展階段的衝突，那麼就需要在特定的階段成功地解決這個階段的主要危機。

雖然看起來每個孩子的性格不同、特點不同、經歷不同、成長環境不同，但是每個孩子都在自己的人生道路上，克服一個又一個早已刻在生命裡的關卡，沒有捷徑，也沒有例外。

作為家長，我們總期待孩子成長得一帆風順，我們從懷孕起開始期待，希望他們健康、順利地降臨；看著他們健康地長大，我們又期待他

結 語

們聰明伶俐、乖巧懂事；當他們進入學齡，我們又開始為他們尋找更好的學習環境，期待他們的人生之旅開始在一個更高的起點上；我們期待他們學習好、朋友多、有一技之長，找個好工作、早一點結婚……我們希望他們更優秀，擁有更多，錯過更少……不知不覺，我們把自己的想法、自己的期待一點一滴地注入孩子的成長之路。

在這條成長之路上，我們還給自己安排了很多責任和任務。我們除了給予孩子食物、水、美好的環境、關注和愛，我們還渴望透過訓練方法，讓孩子可以早早地爬行、站立、說話、自主進食、自主睡覺，成為社交達人、好學生、班級幹部、傑出人士……一部分原因是我們要為孩子負責，讓他們不要錯失良機，走我們走過的老路，掉進我們掉過的陷阱裡。另一部分原因是我們在給自己減壓，希望孩子可以聽話、乖乖地按著我們期待的樣子去成長，這樣就可以省心一點（多一點時間做自己的事）、少製造問題（不需要去解決問題）、讓自己輕鬆一點。

然而這都不是成長，也不是成長的必需品。

成長是有生命力的，是一種內在的力量。這是自然界賦予每一個生命的天賦本能，人類也不曾例外。也許我們的激勵、教育、策略會對孩子發生作用，但我們不該忘記，這些已經刻在我們基因中的內在力量和每個人獨特的能力、特定的稟賦，這些先天帶來的活性只需要在適合的溫度 —— 關注的愛和土壤 —— 適宜的環境中就可以自然被喚醒。我們可以去激勵孩子，但是什麼樣的獎勵會比他體驗到自己迸發出來的能量那種感受更美好呢？這種感受跟我們發現了自己被愛著、收到孩子精心準備的禮物、書籍出版的那一刻、演講喚起聽眾的共鳴時感受是一樣的。這才是觸動靈魂的獎勵和持續成長的動力。我們可以去幫助孩子，但是我們必須相信孩子擁有活躍的精神世界和渴望成長的能量，我們必

須退居第二線，努力相信並且理解孩子，這樣才能真正地幫助他們。我們必須控制自己，跟隨孩子的引導，才能幫助孩子走向自己的成長之路。

　　成長並不是改變。一提到成長，我們首先會想到「變化」，讓自己「變」得更美好，去除成長裡的「梗阻」，讓自己更完美。誠然，我們可以去回憶、深挖自己的成長路徑，去追溯原生家庭帶給自己的困擾，去看心理學書籍，對號入座到底自己有什麼「病」、該怎麼「治」，別讓自己的「病」耽誤了孩子的成長⋯⋯這又把我們帶入了另一個誤區──焦慮的渴望改變，怕自己不變，就是墮落。

　　成長是接納，接納自己本來的樣子。接納自己的情緒、記憶、想法、衝動，接納自己的不完美和缺陷，接納自己的現狀，接納自己的過去、現在以及未來，然後從容地生活。這並不是自暴自棄，也不是安於現狀，而是看見，就如看見太陽昇起、落下、潮漲、潮落，月圓、月缺一樣，看見我們自己的真實，然後繼續好好地生活下去。當然，能夠接納自己的人，也可以更好地接納他人。能夠自我接納的媽媽更容易接受孩子的天性，而這點還會遺傳給孩子，孩子的自我接納程度也取決於母親的自我接納程度。

　　最後，我想引用瑪麗亞・蒙特梭利博士的一句話，來結束這本書的內容：兒童正在經歷一個自我實現的階段，我們只需為他們開啟大門就已經足夠了。

從孤獨到自信，心理學破解孩子的社交困境：

6 大發展時期 ×8 個影響因素 ×16 種教育法則，從嬰兒期到青春期，剖析孩子社交發展的關鍵

作　　　者：	榮文婷
責任編輯：	高惠娟
發 行 人：	黃振庭
出 版 者：	崧燁文化事業有限公司
發 行 者：	崧燁文化事業有限公司
E - m a i l：	sonbookservice@gmail.com
粉 絲 頁：	https://www.facebook.com/sonbookss/
網　　址：	https://sonbook.net/
地　　址：	台北市中正區重慶南路一段 61 號 8 樓 8F., No.61, Sec. 1, Chongqing S. Rd., Zhongzheng Dist., Taipei City 100, Taiwan
電　　話：	(02)2370-3310
傳　　真：	(02)2388-1990
印　　刷：	京峯數位服務有限公司
律師顧問：	廣華律師事務所 張珮琦律師

-版權聲明-

本書版權為樂律文化所有授權崧燁文化事業有限公司獨家發行電子書及紙本書。若有其他相關權利及授權需求請與本公司聯繫。

未經書面許可，不得複製、發行。

定　　價：330 元
發行日期：2024 年 08 月第一版
◎本書以 POD 印製
Design Assets from Freepik.com

國家圖書館出版品預行編目資料

從孤獨到自信,心理學破解孩子的社交困境:6 大發展時期 ×8 個影響因素 ×16 種教育法則,從嬰兒期到青春期,剖析孩子社交發展的關鍵 / 榮文婷 著 . -- 第一版 . -- 臺北市 : 崧燁文化事業有限公司 , 2024.08
面；　公分
POD 版
ISBN 978-626-394-695-8(平裝)
1.CST: 社交技巧　2.CST: 人際關係　3.CST: 兒童教育　4.CST: 青少年教育
177.3　　113012068

電子書購買

爽讀 APP　　　臉書